钱锺书的性格

范旭仑 著

中国出版集团
東方出版中心

图书在版编目（CIP）数据

钱锺书的性格 / 范旭仑著. 一上海：东方出版中心，2020.5（2020.11重印）
ISBN 978-7-5473-1543-9

Ⅰ. ①钱… Ⅱ. ①范… Ⅲ. ①钱钟书（1910-1998）-人物研究 Ⅳ. ①K825.6

中国版本图书馆CIP数据核字（2019）第195225号

钱锺书的性格

著　　者　范旭仑
责任编辑　徐　丹
封面设计　钟　颖

出版发行　东方出版中心
地　　址　上海市仙霞路345号
邮政编码　200336
电　　话　021-62417400
印 刷 者　山东韵杰文化科技有限公司

开　　本　787mm×1092mm　1/32
印　　张　5.125
字　　数　58千字
版　　次　2020年 5 月第1版
印　　次　2020年11月第2次印刷
定　　价　30.00元

目 录

一　三岁定八十 / 1

二　天造地设 / 7

三　急性子，牛脾气 / 13

四　aggressive——狂 / 25

五　高亢 / 33

六　予智自雄，忍俊不禁 / 39

七　文章刻薄，立身长厚 / 49

八　当面输心背面笑 / 59

九　演员的训练 / 71

一〇　擢德塞性以收名声 / 83

一一　一束矛盾 / 107

一二　渊默而雷声 / 127

一三　仁与智 / 147

一四　不痴不聋不能公 / 153

一　三岁定八十

性格是天生的。天生有两个意思。一是爹妈给予的，幼年成就的，格言所谓“三岁定八十”“从小看看，到老一半”“江山好改，本性难移”（钱子泉《无锡光复志》引）。“幼年成就”何以为“天生”？我们取小孩儿家的浑沌，不“自觉”，是“本始材朴”的自然形态，不是“教化培养”的人为作态。（《管锥编》第一一六三页、第一一六七页、第五册第四页）性既天成，成人入世以后的“顺”与“戕”或“抑”与“举”，种种张致，只仿佛在除不尽的小数后面多添几位罢了，变不离宗，奇而有法。播下种子，发芽生根，性格于是乎成，而开花结果，则是性格的自然表现；花繁果硕，只证明性格的鲜明和多样。一是命中注定的："命也者，自天之命也。定于冥兆，终然不变。鬼神莫能预，圣哲不能谋，触山之力无以抗，倒日之诚弗能感。"（《管锥编》第三〇八页）"作此或作彼，是为能；作之，长作之，不见异而思迁，不力罢而生怠，是为性；性者，自然而非自由，行素而非专己。不得已，不自主，非出意愿，非由抉择；故兴利生害而未可论恩怨功罪，无为善之乐，亦无作恶之疚[1]。"（《管锥编》第九三二页）咱们自己常常丧气灰心地慰解："唉，性格决定的，真没办法！"或心虚气壮地抗辩："怎么啦？我就是这个性格！"就是这两节哲人警语的最好的"翻译"。柳宗元《宥蝮蛇文》："凡汝之为恶，非乐乎此；缘形役性，不可自止。"梅尧臣《猛虎行》："食

1 "一切罪恶，都是一点未凿的天真，一角销毁不尽的个性，一条按压不住的原始冲动，脱离了人为的规律，归宁到大自然的老家"——《谈交友》。五十多年后，钱先生又征诸颜山农"奇邪之谈"："人之贪财好色，皆自性生，其一时之所为，实天机之发，不可壅阏之。"并云（《管锥编》第五二四页、第五册第八九页）："荀子伪字犹西语'人为'（artificial），所以别于'天然'。如波德莱尔云：'罪恶出于天然本性；道德反是，出于人为，超越天然。'"

人既我分[1]，安得为不祥？”就是“生害无罪”的的诂。人其实就是无毛两足动物，人性之恶奄有禽兽也，甚于禽兽也。（《管锥编》第一一六二页）

1 《谈艺录》第一六七页："按《三国志·魏志·杜畿传》裴注引范先语：'既欲为虎，而恶食人肉，失所以为虎'，即梅诗'食人为分'之意"。"先"原讹为"洗"。

二　天造地设

皇清末年，常州锡山，世族钱家，一个男孩儿诞生了。钱家已经二十多年没听见小孩子的哭声了，自然阖府欢喜，连病危的奶奶也回焕一阵容光。那天恰好客人送来了一部书名带“书”字的书——《常州先哲丛书》，那新当爷爷的人灵感一来，当即给孙儿取名为“书”[1]，双关赠书和书名之“书”，又切合常州钱氏丹桂堂的书香文采；因他们这辈的辈分名或谱名是“锺”，就叫“锺书”，自信又浑成又典雅。字“哲良”[2]，小名“阿先”，也是切着书

1 钱子泉《无锡光复志》引谚：“父不命子名。”

2 尝于万维网睹无锡县立第二高等小学校名册，中有：“钱锺书，字哲良，十一岁，住址留芳声巷十二号门牌。”

名[1]。后改字“默成”，为生父钱基博所取（《堠山钱氏丹桂堂家谱》）——“默存”当是钱锺书自更，取法于老子《道德经》的“正言若反”（《管锥编》第二九至第三一页、第四九四页），取材于《易经·系辞》的“默而成之，不言而信，存乎德行”和扬雄《解嘲》的“默默者存”，要压抑儿子那蓬勃张扬的个性[2]。“默存”拆开来写是“黑犬才子”——钱先生属狗，尚玄，送老衣服从头到脚黑一色。自号“槐聚”，典出元好问《眼中》诗、李公佐《南柯太守传》，与“默存”相通，表达了他的人生观：目光放近，安居乐业。又尝别署“蝯叟”——笔记中有题“*Small Hours in An Attic or ‘Noctes Atticae’*

1　说本钱基厚《孙庵年谱》、钱基博《堠山钱氏丹桂堂家谱》。杨绛《记钱锺书与围城》杜撰掌故，称：“锺书周岁抓周，抓了一本书，因此取名锺书。他出世那天，恰有人送来一部《常州先哲丛书》，伯父已为他取名仰先，字哲良。可是周岁有了锺书这个学名，仰先就成为小名，叫作阿先。”其实大谬不然。参看《为钱锺书声辩·杨绛〈钱锺书与围城〉证伪》。

2　钱子泉一九二九年七月作《哑泉扪舌录之一·鬼谷子校读记叙录》，云：“比困气痛，不能接对，更字哑泉，以志扪舌。”钱先生《越缦堂日记补》笔记：“魏司徒王昶《诫子书》，亦以不言人过为要，故名其子曰默、沉、浑、深，欲其顾名思义。”

by C. S. Ch'ien. 1948./四馀室札记　三　蝯叟”册。他早年巧用韩愈《毛颖传》里的“中书君”作笔名，语出双关，文蕴两意，自负有写作才能也。

据钱子泉一九四八年编纂印行的《堠山钱氏丹桂堂家谱》记载，他们是五代十国时吴越国王钱镠的后裔，钱锺书是第三十三世王孙。“造作谱牒，远攀华胄”是人世之常（《管锥编》第六〇九页、第一四二一页，《七缀集》第三页），钱基博是“吴越国武肃王三十二世孙”，也许有典据，然而他远溯“初原为寇”的钱镠“先祖出自黄帝”，头脑清醒的人不会相信。高洪波《为钱锺书先生祝寿记》（北京《中国文化报》一九九五年十二月一日）：“谈起时下出版的几本钱锺书传，杨绛同志笑说，锺书只承认我写的第一手材料，别的——譬如一些传记说他是名门望族，他不承认，只是一个清贫的教师家庭嘛。”贺绍俊《给病中的钱锺书老带去美好的祝愿》（北京《文艺报》一九九五年十一月二十四日）：“杨先生告诉我们，钱老对这些传记很不感兴趣，尤其反感有人追根溯源读家谱的门阀作法。钱老说，我不过就是一个清贫教师家的孩子。”钱武肃帝之子孙，于今为庶为清门。我想起《管锥编》讲的《世说新语》:“君自见其朱门，贫道如游蓬户。”也想起《管锥编》论陶潜《五柳先生传》:“岂作自传而并不晓己之姓名籍贯哉[1]？正激于世之卖声名、夸门第者而破除之尔。”钱默存先生是横空出世的大天才，别有所激，不仅否认出身高贵，也不认老师。“我自己虽也出名师之门，自愧没有学到什么，现在所知道的一点，都是‘盲修瞎炼’而得。”（郑海凌《铭记钱锺书先生的教诲》引钱先生手简，石家庄《名家》一九九九年三月号）实情确也如此。钱先生的智慧和学问，都得自自学，书上学，世间学——灵慧妙悟，阅世观化。自本身之阅历着眼，于切己之情景会心，取精用弘，深造熟思，融合贯通，化书卷气为己性灵，我们无法“向其所食之牛羊豕一一追问斯人气力之来由”（《管锥编》第一二五二页）。这也是“人谓我狂”的一个注脚。

1 其说详见《管锥编》第三五八页:“夫其人苟有自传，作史者为之传而采撷焉，事之必然，理所当然。犹《晋书·隐逸传》于陶潜曰‘其自叙如此’，乃全录《五柳先生传》而只略去其《赞》也。”《五柳先生传》似为“寓言”，非“自传”，即曰“自传”，亦小说体“自传”，“不晓”亦为题中应有之义耳。

三　急性子，牛脾气

祖父钱福炯，字祖耆，号传叟[1]，年二十举茂才，未能中举。他继承祖传的土地四十来亩[2]，晚年开过当铺——“永盛典”[3]。永盛典后遭军阀齐燮元抢掠，

1 《传叟文录》一九四八年七月印行，录文十一首，“男博、厚恭校录”，“孙男锺汉谨跋”，“府君遗著／传叟文录／孙锺书敬署”。《且住楼日乘》论《清代野记》：“童时在先祖父榻畔得此书，窃阅之。”

2 参看《围城》第九章：“老头子几个钱快完了，往常田里的那笔进账现在都落了空。”后者初刊本作“去年冬租就一个钱没收到”。

3 他的贤孙沉痛地说：“‘永远（ever）’、‘永远不’这两个表示最天真的心理状态的词，虽然在政治家或政客口头上经常出现，但是在历史学的科学词汇里是不收的，查不到的。”“永远快乐这句话，不但渺茫得不能实现，并且荒谬得不能成立。”参看《四馀室札记》第三册札Eric Partridge, *Usage and Abusage*之“Ever”。

再加上他精心营建的吴越钱武肃王宗祠也同时被毁于一炬，因而衰亡，得年七十又八。有人劝他花钱买个官当，钱祖耆不肯，“识者于是乎觇吾父恬退淡荣利也”（钱子泉《先府君行状》）。“恬退淡荣利”不也是钱默存“塑造自己的公开形象”而人人交口称誉的吗？钱子泉云：“吾父体气魁硕，声逾宏钟，面赧若急怒。然胸怀坦白，爽朗不为戟棘[1]。生平侃直慕义，亡所挠避。”在《先母孙宜人述》里钱子泉记载：“吾父为人沉厚有大略，望之宽仁长者也，然遇不平事，慷慨激昂，虽强无所避。”钱潜夫自己也是“性急”的（《潜庐自传》）。开朗，刚正，急性子，牛脾气，钱默存的性格还真像他爷爷。

当代心理学有关“性格型”的基本分类：“外向”（extrovert）和“内向”（introvert），“发散”（diverger）和“收聚”（converger）。钱先生的性格就是“外向”的“发散”的。“性格开朗”，“开”即“发”。而“乐主散”，乐的特征是发散、轻扬。陈继儒曾这样来区别屈原和庄子：“哀者毗于阴，故

1 其蓝本《钱祖耆先生七十征文启》作：“然性实仁厚，于人亡町畦。”

《离骚》孤沉而深往；乐者毗于阳，故《南华》奔放而飘飞。”一位意大利诗人也记录下类似的体会：“欢乐趋向于扩张，忧愁趋向于收紧。”（《七缀集》第一二八页）所以，钱先生高兴快乐时候居多，常纵情大笑、大声说话[1]。

先鉴定钱先生的急性子。“弟性卞急”（宋以朗《我的父亲宋淇与钱锺书》，上海《东方早报》二〇一一年十月九日）。“钱先生一时兴起，提议以‘朱静霞’为出句，征求对句。同事一边苦思冥想，一边请他不要说出答案。过了不久，性急的钱先生还是宣布道‘黑旋风’[2]”。“杨绛说，他这个人动作快，一下子就到了门口，我是追都追不上”（孙雄飞《我所崇敬的钱锺书先生》，上海《文化与生活》一九九〇年十一月号）。“发言语速极快，颇有咄咄逼人之势”（朱

1 赵景深《记钱锺书杨绛夫妇》（上海《世界半月刊》第一卷第四期，一九四六年十二月）。参看邓伟《敲门》（上海《文汇报》二〇〇一年十二月二十五日）：“我曾见他一时兴起，在房间里踱着大步，高声行吟。”郑湧《复归于婴儿》（上海《文汇报》二〇〇九年六月二十九日）：“钱先生信口即兴，兴之所至，他竟几乎雀跃，如同儿童一般。”

2 王水照《孙行者与胡适之》（广州《随笔》一九九八年七月号）；参看张建术《魔镜里的钱锺书》（北京《传记文学》一九九五年一月号）。

寨《走在人生边上的钱锺书先生》，南京《锺山》一九九七年九月号）。“钱先生忙着找印章，奔进奔出，异常灵活，根本看不出是个八十岁的老人”（安迪《我与钱锺书先生的短暂交往》，《深圳商报》二〇〇三年六月二十一日）。

急性子和牛脾气似乎源于相同的心理。钱先生在书札中常以“牛脾气”为“一个辩论的理由、挑战的口号”[1]。看一桩故事（黄伊《和钱锺书先生的交往》，北京《经济日报》一九九一年三月三十一日）。一九九一年初黄伊发现了两种《围城》盗印本，向钱先生通报：“盗印本说多难看有多难看，阁下如见到，会心跳加速。”钱先生回信：“商人要赚钱，利之所至，固在意料。”口气还雍容。但到大年三十夜里，黄伊突然接到钱先生来信：“盗印本纸质劣，印刷拙，恶俗封面擅加，而售价昂贵，盗印牟利，无法无耻，胆大脸厚，乃至于此！”因而责令出版社不能“视而不见，装聋作哑，听而任之”。这顿火发得不小，又逢

1 “然牛鼻子脾气”（见黄裳《故人书简》，《学术集林》卷二）；“我的牛脾气”（见张隆溪《怀念钱锺书先生》，沈阳《万象》一九九九年五月号）；“未敢作牛鼻子扫兴”（见姜德明《攻关不克——记钱锺书》，上海《书城杂志》一九九七年十一月号）。

过年，黄伊唯恐他年纪大了，怒火伤肝，于是大年初一一大早赶紧给钱老拨电话，可惜他们夫妇均不在家，只好请他家里的人把话记下来："我叫黄伊，向两位老人家拜年。另外，请你转告他们，关于盗印本，我们出版社已决定发一个郑重声明，在四家报纸同时刊登，请钱先生放心。"钱先生之怒，正同朱穆《与刘宗伯绝交书》之"直率至于怒骂"，"猝临非意，疾言盛气，遂不自禁耳"（《管锥编》第九九四页）。

钱默存爱洁成癖，容不得污秽。《管锥编》论周武王《机铭》引韩大伦语："不饮酒，不耽色，不爱财，皆当服行终身；惟气之一字，却欠商量，不可少屈。"后又引马钰词："断荤戒酒全容易，不恋浮财浑小事。深可畏，轻轻触着无明起。"他偶尔自诩与他人惯喜夸赞的，不过是"全容易"的"小事"——"不爱财"尔[1]。正如"厌憎世俗食色居室之奉，未遽即佛"（《管锥编》第四八八页）也。"轻轻触着"的"不可少屈"之气——"无明"乃气之代

1 阎若璩《潜邱札记》卷二："廉易而耻难。廉乃立身之一节，而耻实根心之大德；故廉尚可矫，而耻不容伪。"《管锥编》第三五六页美之曰"析理入微"。

词，则始终围绕着钱默存。他年轻时候讲了一桩设想甚妙的西洋故事（《小说识小》）：“魔鬼一日游行至非洲大沙漠，见诸小鬼方诱惑一修道隐士。此隐士尘根清净，超凡入圣，诸小鬼竭变幻试探之能，而隐士如死灰槁木，了不为动。魔鬼笑曰：‘此易事耳！’趋前于隐士耳语曰：‘君之兄弟新任为亚历山大城主教矣——’语未毕，隐士愤嫉之色见于面。”因感叹：“盖学道者于声色货利等嗜欲尚易解脱，惟好名好胜好计较之心最难铲除。”于钱默存亦信不虚也。

“和叶师、钱锺书师生三人当年亲密无间、同声相应”的常风写道（《和钱锺书同学的日子》，太原《山西文学》二〇〇〇年九月号）：“叶先生曾写信谈起‘现在联大保留一个教授的位置是准备给钱锺书的’，我给钱锺书写信时提起此事，他回信说：‘莫非要我每日三餐都要祷告感激叶公超吗？’钱锺书何以对叶公超态度变成这样，我莫名其妙；本来交情很好，怎么竟变成这样了？其中过节我也不知道。”害得常风不能在他俩眼前提起对方。林非《必要的澄清和说明》（太原《黄河》二〇〇〇年五月号）：“钱锺书后来真的是春风得意，既有了些权势，又被传媒炒作得捧上了云端里去，却还是牢牢地记住我这个被他殴斗过的仇人，在一九八九年的那场风波之后，竟责成单位里一位很忠厚的党委书记，命令我向其认罪。我当即愤慨地骂了起来[1]，这位领导同志反而和蔼地劝我何必如此动气。”果尔，则钱默存此举直是悻悻小丈夫老羞成怒，大为时贤所笑矣[2]。可以用钱先生赞美为“文佛”袾弘的“语妙天下”之论来申明。《竹窗随笔》论人之于财色名利可分五等：“有火聚于此，五物在傍。一如干草，才触即燃者也；其二如木，嘘之则燃者也；其三如铁，不可得燃者也，然而犹可熔也；其四如水，不惟不燃，反能灭火者也，然而隔之釜瓮，犹可沸也；其五如空，然后任其燔灼，体恒自

1　林非《半个世纪的思索·编辑生涯的片断回忆》：“却也有极端个别的人，内心里滋长着异常自私、卑劣和阴狠的毒菌，总是惦记着抹杀和贬损别人，还仰仗着自己巴结权势的本领，去欺凌和压制别人，从这里咀嚼着欢快的滋味。”

2　刘士杰《忆钱锺书先生》（见《文化昆仑》）：“多少年后，我曾当面向钱先生表示我的忏悔和歉意。钱先生说，对于伤害他的人，特别是年轻人，他都不会记仇的。”钱中文《“我们这些人实际上生活在两种现实里面”》（北京《中华读书报》二○○○年十一月一日）：“在信中表示了我对过去的反思。锺书先生很快给了我回信，引了两句杜诗：‘丈夫垂名动万年，记忆细故非高贤’，‘上一句是我们对你的期望，下一句是我们对自己的鞭策。请不要有记忆包袱’。显示了长者的豁达大度。”触事感怀，乍彼乍此，亦彼亦此，又人之常情恒态耳。

如，亦不须灭，行将自灭也。”钱默存压根儿没想成佛成圣——“看官，但凡神仙，烦恼、嗔痴、爱欲三事永忘，其心如石，再不动摇”（《七缀集》第一二六页），只是人，但要努力刻意“不自伍世间俗庸”，既远离头二等，亦不克优入圣域，而实徘徊于“其三其四”间耳[1]。

幽默，那当然是钱锺书常常表现的性格，这儿不想专门解释阐明，原因很简单，“事既一时盛传，人所多言，我寡言之，诗文剪裁法耳”（《管锥编》第三〇三页、第三〇九页、第八三六页）。一个人身心舒畅，精力充溢，会不把顽强的事实放在眼里，觉得有本领跟现状开玩笑。真到火烧“干草”的时候，人“火”智短，笑话都讲不好。钱先生当不外此。何况幽默是不能大批出产的东西，就是真有幽默的人，若把幽默当作一贯的主义或一生的衣食饭碗，作品便不甚看得。中书君《说笑》如是我云。栾贵明讲了一桩故事（王勉《他想做的是开拓万古之心胸》，《北京青年

1 《管锥编》第六五三页考《文子·微明》引黄子论“天地之间有二十五人”，舍“上五”外，莫非“肉人”。“次五”为“德人、贤人、智人、善人、辩人”，钱默存几乎占了“次五”的全部五类。

报》二〇一七年三月二十四日）：“《四库辑本别集拾遗》是钱先生用心血指导我做的，如果给他稿费，他会恼火生气，所以我就给钱先生买了一套《全唐文》，之后又买了一对沙发、一个茶几和一个书桌。那张桌子特别大，进不去屋，左挪右挪都差一点儿，没办法只好商量着把门拆了。拆门的声音比较大，钱先生听见就出来看了一下，一句话没说，一转身回了卧室，砰一声把门撞上了。我赶快推门，一推，锁上了，怎么说也不开门。就这么二十分钟，我们赶快把门装上。我说：‘钱先生，您再不出来，我们中午在您这儿吃饭啊。’钱先生说：‘没你这么不要脸的。’然后把门打开了，烟消云散。这么多年他唯一一次发火，那次把我吓坏了。”

四 aggressive——狂

像他爷爷一样，钱默存也是平素“望之宽仁长者也”，淡泊宁静，观者感觉“他温熙和蔼，和其犀利拔尖峥嵘恣意的笔锋绝不搭配”（水晶《侍钱“抛书”杂记》，香港《明报月刊》一九七九年七月号）。然而，遇事则慷慨激昂。豪侠之气未除，真率之相不掩，欲正仍奇，求厉自温，与拘谨苛细之儒曲，异品殊科。钱先生有一句自白（见上引水晶文），我们一向没有好好留心："我是一个aggressive，积极又充满活力的人。”“aggressive”：进攻，好与人斗，有闯劲，不怕阻力，挑衅的，攻击的，过分自信，放肆，积极进取；如以汉语一言当之，庶几“狂”乎？这个词着实切合钱锺书的性格。

陈丹晨《生之困旅·在钱锺书寓所琐闻》："很

多人总把他们看成是不问世事、幽居书斋的学者；其实，在平静恬淡的表面下，隐藏着两颗忧国忧民的火热的心。每次我去看望问候两先生，他们总是满怀兴趣询问社会上的各种事情，也常常鲜明直率评论各种问题。钱先生平日最厌恶那些在名利场加官场里混来混去的知识分子，骂他们是市侩、风派[1]。有一次，他送我出大院时，还讲到某个人利用职权，将国家的珍贵文物捐给个别权势者以邀功。他一边生气，一边教我要学好。过了一些时候，果然案发，此人下了台。每当他生动地描述这些人物和事件时，他就显得激动、愤懑，但又是机智、幽默而尖锐，使我常常想起《围城》中的某些人物和细节。”十年后陈丹晨重申强调（《在钱锺书寓所作客》，北京《炎黄春秋》一九九一年三月号）：“他自己甘于淡泊，置身名利场外，对政治角逐从来反感。但他同时却热心关注社会现实变化和进步。我每次到他那里，他总是很有兴趣听我讲些社会生活和文艺生活中的见闻。他完全不是一般人想象的那样一个不食人间

---

1 “风派”一词两见《管锥编增订》中（第七五页、第二〇三页），又批识于Heinrich Heine, *Werke und Briefe*、《庄子集释》两笔记眉，所谓哭斯歌斯也。

烟火的现代隐士，而是热情洋溢、爱憎分明，对生活怀有强烈的激情，就如他自己所说的忧世伤生。我一直认为他在冷漠的表面下隐藏着一颗火热的赤子心。”“狷急人之作风不能尽变为澄澹，豪迈人之笔性不能尽变为谨严”（《谈艺录》第一六三页），此之谓也。

吴忠匡《记钱锺书先生》（广州《随笔》一九八八年七月号）例举不少事实说明：“钱先生生性正直，对美善的爱与对丑恶的毫不宽假的态度，在他身上是鲜明的。他对村学究种种自欺欺人的生活态度，自然看不惯，生气厌恶，尽可能躲开他们，从不和他们接谈[1]……前些年，我曾将一份书稿投寄北京某书局，事隔经年，了无音讯，追询之下，方知书稿已为审稿某公遗失。钱先生知悉其事后，来信说：‘大稿为某公玩忽遗失，骇怒不已。此等人身名稍泰，便全忘却寒士辛苦，轻心易念，师承杨氏为我之学，无间地狱之设，亦为若辈也。’不久，又来信说：‘近参加一集会，此公亦在，兄恶其轻心易念，未与交一语，想渠不知兄为弟事芥蒂，必以兄为铁牛做官

1 《围城》第七章：“至于鸿渐和同事们的关系，只有比上学期坏……在街上走，多了一个顾忌，老远望见他们来，就避开。”《槐聚诗存·老至》之“耐可避人行别径”，亦纪实也。

拿身份矣。'直情径行，有如此者。"丁伟志《送默存先生远行》（沈阳《万象》一九九九年一月号）："钱先生孤傲吗？他确实有着一身傲骨，对于一切看不惯的人和事，常常抱着天真的态度，一针见血捅破精心糊起来的包装纸。"钱锺书刻意缮性修身，但终究抗不过天性；看他的反省（《中书君诗·四言》之五）："吹万和平，发皆中节；我独何为，浩歌激烈！"

《管锥编》论"狂"有两端，"避世之狂"与"忤世之狂"（第一〇八八页）："避世之狂，所以免祸；忤世之狂，故以招祸。风狂乃机变之一道，其旨早发于太公《阴符》：'大知似狂：不痴不狂，其名不彰；不狂不痴，不能成事。'避世阳狂，即属机变，迹似任真，心实饰伪，甘遭诽笑，求免疑猜。既明且哲，遂似癫如狂也。忤世之狂则狂狷、狂傲，称心而言，率性而行，如梵志之翻着袜然，宁刺人眼，且适己脚。既'直性狭中，多所不堪'，而又'有好尽之累'，'不喜俗人'，'刚肠疾恶，轻肆直言，遇事便发'，安望世之能见容而人之不相仇乎……则接物遇事，小小挫锐同尘而已，至是非邪正，绝不含糊恇怯，勿屑卷舌入喉、藏头过身。此'龙性'之未驯、炼钢之柔未绕指也……明知故犯，当缘忍俊不禁。夫疾恶直言，遇事便发，与口不议人过，立身本末大异，正忤世取罪之别于避世远害也。”钱先生也“不喜俗人，刚肠疾恶，轻肆直言”，却能“避世远害”；界泯障除，不能不说是艺术，非智力高卓不办。“艺术”者，权也。“‘权’者，变‘经’有善，而非废‘经’不顾，故必有所不为，而异乎‘俯仰逶迤，以窥看为精神，以向背为变通’，如老于世故者之取巧投机、诡合苟全。达节而不失节，行权而仍怀经，不中有中。”（第二〇八页）“口戕口”[1]，而安身立命，与时消息，智不后机——“明智的本质在于知道何时封笔”[2]。“莫把文章动蛮貊，恐妨

---

1 《管锥编》第二三页、第八五五页、第一二一八页；其极致已见董磊《钱锺书杨绛先生寄语青年》（北京《科学时报》一九九九年三月十日）。其理可参看《三国志》卷一八裴注引李绪《家诫》：“凡人行事，年少立身，不可不慎。勿轻论人，勿轻说事。如此则悔吝何由而生？患祸无从而至矣！”

2 许大雄《我与围城中的赵辛楣》（上海《文汇报》二〇一〇年九月十一日）：“一九五七年五月，外公钱孙卿参加会议，十分犹豫是否要提意见，就召集在京亲戚在我家商议。大家意见纷纭，锺书夫妇一言未发，只是静静听着。但在最后，锺书先生很坚决地说：‘根本就不要说！’一个月后，反右开始，我家损失惨重。孔子说：‘邦有道则知，邦无道则愚。其知可及也，其愚不可及也。’钱锺书先生其实是有若愚之大智的。”参看《管锥编·周易正义》卷论“夫易圣人之所以极深而研几也”。

谈笑卧江湖"[1]。"'时'，时机也，亦时宜也；在于人者，动则谓之'乘'，静则谓之'待'，阳动阴静则谓之'随'。要之不离乎当机与应宜者是。"（第三七八页）钱先生尝谓"人谓我狂，不识我之实狷"（见前引吴忠匡文），是也。《论语》："不得中行而与之，必也狂狷乎！狂者进取，狷者有所不为也。"（第一二二八页）"是"而兼"时"，"经"而兼"权"，"节"而兼"达"，皆"有所不为"也。此之谓"狷"欤！以顺为正之妾妇，达心而懦之嗫嚅翁，奄奄无气之文字乡愿（第四六八页、第一四四九页），钱默存皆不屑为。他理想的境界是：月影随水波摇曳而犹若不失圆整如丸，塔影随水波曲折而犹若不失孤直如笔。

1 一九八二年六月二十五日复郑朝宗书（见《郑朝宗纪念文集》）："四十年前旧句有云：累我不祥知姓字，任人无赖笑行藏，O my prophetic soul！"

五 高亢

祖母孙夫人，家里有钱有势。据《先母孙宜人述》中钱祖耆语："汝母家故高资富室……性实高亢，不肯为人弱颜。年迟暮，论事多与予左，余又躁急善怒，往往至失欢。呜呼！"人出身高贵，自然高傲好强。高傲是雄厚的资本养育出来的，"譬如大胖子才会脑充血和中风，贫血营养不良的瘦子是不配的"。钱先生才情智慧学力，冠绝古今中外[1]，在我们

1　张申府在一九三二年十月十五日天津《大公报》上早视钱默存为"国宝"(《编者赘言》)，并著文《民族自救的一个方案》宣告："上说默存名锺书，乃是现在清华最特出的天才，简直可以说，多分在现在全中国人中，天分学力，也再没有一个能赶得上他的。因为默存的才力学力实在是绝对地罕有。"张隆溪《怀念钱锺书先生》："汉学家李克曼（Pierre Ryckmans，笔名Simon Leys）曾在一九八三年六月十日的法国《世界报》(*Le Monde*）上撰文，说钱锺书对中西文化和文学（转下页）

眼里，他无论如何高傲狂傲都不为过，都恰如其分，都是天然本能，都是自然本色。他的傲似乎不言已喻，他的似谦之傲（ostentatiously modest）却大乱真，足以害人不够知己。

有一个好例证。张隆溪《怀念钱锺书先生》记Fokkema盛赞钱为比较文学作出大贡献，钱先生却立即辞谢，说他做的不是什么比较文学，只算是“折中主义”（eclecticism）。张就在感谢信中盛赞钱先生谦逊。钱先生回信说，十九世纪以来，eclecticism已成贬义词，所以近世多用syncretism一字，但他又说：“Eclectic乃我似‘谦’实傲之谈，故我言法国《大百科全书》（实即Voltaire, Diderot）之定义：不为任何理论系统所束缚，敢于独立思考，取各派之精华。”

（接上页）都有深广的了解，因此‘钱锺书在今日的中国，甚至在全世界都是无人可以相比的’。我认为这句话说得十分公道，恰如其分。”栾贵明《小说逸语》第八章影印钱先生手书：“法国《世界报》六月十日比利时作家西蒙·莱斯：‘钱锺书，难道我们就不能授予钱锺书荣誉勋章吗？他是一位天才的作家。从文学的观点看，他的作品不很多，但质量是非常高的。他对中国文学、西方文学乃至世界文学的知识，都是令人吃惊的。今天，不仅在中国，就是在全世界，也是无法再找到第二个钱锺书。’”

著作里亦触目多有。《七缀集》第一七四页："对于这个意见，我连随声附和都没有资格；我只敢说"云云。《谈艺录》第三四六页："妄企亲炙古人，不由师授。孤往冥行，未得谓得"云云。《管锥编》第一三五四页："余寡陋未之睹也"云云。钱先生固自道（见罗厚《钱锺书书札书钞》，《钱锺书研究》第三辑）："拙著不易读者，非全由援引之烦、文词之古，而半由弟之滑稽游戏贯穿潜伏耳。"愧词而实夸词也。

常识不多、心里没数而爱到处投稿者，往往把钱先生的客套当谦虚，不晓得此老之春秋不足作准。章明《痛悼钱锺书先生》（香港《大公报》一九九九年一月四日）便将钱先生书札中寻常称呼"兄""弟"认真作实，作为"谦逊"的证据，激动得手舞足蹈。章明若见陈诏《读钱锺书的一封近札》（上海《文学报》一九九〇年十二月六日）："晚辈后学，岂可称'兄'？足见钱先生平易近人，绝无大学者的架子。"想会高唱"德不孤"之调。当然，钱默存老于世故，花钱待人都有分寸，一点儿不含糊。

六　予智自雄，忍俊不禁

钱祖耆生了六个儿子，老大钱基成没有儿子，老二、老三、老四都没长成。按习俗成例，兄弟的长子得出嗣给无后的老大。这样，老五钱基博生的大儿子一出世就被钱基成领养。三十七八的钱基成忽然有了儿子，那快慰劲我们只能揣猜于万分之一。钱锺书当然管养父钱基成叫爹爹[1]，管生父钱基博叫叔叔。《吴宓日记》一九二九年九月十日记："钱锺书持其叔（嗣父）介绍函来。叔即钱基博君。"则彼时

---

1 钱先生十岁作《题伯父画像》（收入钱子泉辑《北堂永感录》），"伯父"或为钱子泉所改。钱先生十九岁作《先妣毛夫人行略》（刊于一九二九年五月二日《南通报·文艺附刊》），末署"棘人本生严慈侍下钱锺书哀启"，直言"以二十岁来妃吾考子兰府君"。

钱锺书似尚犹称呼钱基博为叔父，而外人乃反视钱基博为钱锺书的嗣父。钱锺书是钱家的承重孙[1]，是亲堂兄弟十二人（书、韩、纬、汉、英、毅、仪、鲁、彭、达、鑱、泰）的老大。在宗法社会大家族，长孙长子意味着处处最优先优越[2]，最受宠受爱——钱锺书就享有爷爷、养父、生父三方的宠爱。钱先生几乎事事最优，大学成绩最优秀，研究员级别最高。因为是老大，他得事事努力做好，不但要强，还得争强。

从弟钱锺韩是卓有成就的科学家，为人真诚老实。他小钱锺书不足半岁，从小学到高中俩人都在同一个班念书，朝夕相处达二十年；闻知见知，他的回忆比文学家杨绛的创作真切多了[3]。少年中书君

1 钱子泉《丧礼今读记》:"今以子死孙承，谓服祖丧为承重。吾兄子兰卒，无子，以吾子锺书为之后，孺子耳。诸父拜则拜，诸父趋则趋，奉令承教之不遑，何重之能承？而漫曰承重孙云乎哉！此孙承重，重于服之为非礼之礼者又一也。今吾父讣状，曰家严，不曰显考，不忍之死而遽致死之也。状末列孤哀子三人，不没吾兄之名而墨署之以明早世。锺书则以次诸父之后而正其名曰承服长孙，以明其承吾兄而代为之服也。至丧次行礼，则壹仍世习之旧，锺书先而博与吾弟后焉。非苟徇俗为之也，以其代吾兄而不敢僭也。"

2 《谈艺录》第九三页:"前字先字，不特指时间之古，亦指品第之优也。"

3 见诸孔庆茂《钱锺书传》第一章引录钱锺韩亲笔补述。

的特点是狂傲自负，目空一切，不管对什么人，对什么事，他全不在乎。许多朋友、兄弟、老师甚至长辈，都会遭到他的挑剔甚至尖酸刻薄的挖苦、讽刺。他口才好[1]，骂人也别致，家中又有祖父、伯父护着，以致养成这种自高自大的脾气。钱锺书个性倔强，受捧不受压，中学时即出类拔萃，受到校长老师的重视，更受到崇拜佩服他的同学的捧场，大大激发了他的自尊心和自信心，确立了他在国文和英文学习上出人头地的愿望，有超越一切人的信心。这种信心又成为他发愤读书的动力，交煽互发，辗转因果，习与性成，至老未变。

二十三岁，中书君作家书，给钱潜夫题以"上家大人论骈文流变书"，刊布在自己主编的学报上，最能表现钱默存这种性格，略云：

> 儿撰《文学史》中，有论骈丽数处，亦皆自信为前人未发；略贡所见以拾大人之阙遗。……大人必能赏会斯言，彼作《四六丛

1　郑朝宗《怀旧》（广州《随笔》一九八七年一月号）记钱先生自道："小时候嘴笨，与人口角总吃败仗，气愤不过，便下决心苦练。"

话》者乌足以知之！即此一端便征儿书之精湛矣！前日又为《世界思潮》写一论史学文章，中间胜义，钩深探赜，亦实为儿书发凡起例也。儿诗拟于《文学史》脱稿后，编次付印一百小册，费二三十元；纸张须讲究，聊以自怡，不作卖品，尤不屑屑与人争名也！……昨日作得诗二首，风致之妙，不减前人。录奉削正之。

自信，自爱，自负，自夸，正钱子泉所谓“予智自雄，忍俊不禁。才辩纵横，神采飞扬”，颜之推所谓“神厉九霄，志凌千载”。钱子泉自己亦“年十二三即负狂名”(《吴节母张太君八十寿言》)。

招敌人暗笑的是，钱潜夫既“殊以”儿子的“沉潜不足”“为戚”，偏又把它流布，则匹似逃影而行日中，匿迹而走雪上也。类似“忍俊不禁”的文献，往往而有。钱锺书复李景端书（见李景端《读萧乾有感的有感》，北京《人民日报》一九九七年二月二十日）：“金隄同志曾翻译一些章节，承他送给我，并说他是最早汉译《尤利西斯》的人；我一时虚荣心，忍不住告诉他我在《管锥编》第三九五页早已‘洋为中用’[1],把《尤利西斯》的一节来解释《史记》的一句了！告博一笑。”“一时虚荣心忍不住”卖弄就是“忍俊不禁”的白话。

“虚荣心”当然是人心的组成部分，是人性的必然，所以钱先生不能不有。再像《徐燕谋诗草》所载：“今年到京，中书君出示海外有关《围城》书评，而国内竟无能举其名者，可叹也。”钱先生与郑朝宗书（何开四《碧海掣鲸录》首影印）：“高等院校师生以《围城》为八股题目者已有二十一人，皆来信要弟提供资料、解答问题。弟一律以外交公式‘无可奉告’答之，且劝其另觅题目。意大利研究Boccaccio大师Vittore Branca不解汉文，而于其国汉学家处见拙《编》脚注中所引意国典籍，大惊叹，特撰文表章之于晚报，上周来京，特相过访，亦不虞之誉也。”　　精确到个位数[2]。

---

1 《管锥编》此节实利“用”“洋”人成说。详见“Texts without Contexts. C. S. Ch’ien. 1953” 中*The Times Literary Supplement*笔记，亦见《逻辑指要》笔记。

2 “两年来高等院校以《围城》为论文题者约三十余人”——致黄裳笺；“去年有近三十个高等院校的师生写信给我，说研究《围城》”——与彦火函；“年来国内撰文论拙著者，屈指近四十人”——复许景渊书。

内山精也《拜见钱锺书先生》(《深圳商报》一九九九年五月三十日):“对自己的著作，尤其是小说在海外被翻译、在国内也受到广泛评价这一事实，钱先生坦率地表示高兴。”一九七九年十一月有访客问国外对《围城》的评价，“钱先生笑了笑说：国外由于夏志清《小说史》给它辟了专章，去年出访意大利时，法、苏、捷三种文字的译者都专程来到罗马同他见面，并请他签名。英译本不久也可以问世。说着他从书架上顺手拿出夏志清的《小说史》把那个专章摘要读给我听”(张书城《难忘钱锺书先生》,《兰州日报》二〇〇七年四月十六日)。蔡叔卿《喜见钱锺书夫妇》(《钱锺书研究采辑》第一辑转载)更传神:“他把收到的《围城》译本和书评翻出来给我看，兴奋之中也还有一股他不应该得到这么多荣誉的抱歉神态……‘杨绛女士在吗？我很想见见她。’只见钱锺书颇为急切站起来，连说:‘她在的，她在的！’转身往里走，没一会儿，把个娇小细致的杨绛带出来，把她按在我对面他刚才坐过的椅子上，很有兴味地看着她。听我问起她写作的事情，忙不迭地转身到书架去找书。杨绛在这边厢客气地说‘我没写什么’时，他已把手里一本书递到我面前，是

Gunn写的*Unwelcome Muse*[1]。他一翻就翻到第二三一页，指着把有关杨绛那一段读出来。杨绛的谦虚礼让与钱锺书的急切想把她彰显出来，自然而然表现了夫妻俩的鹣鲽之情。钱锺书也许觉得自己的名气太大，所以不肯让杨绛隐在他的名气之下，他要她跟他同享一切的荣耀。”钱默存的狷急亦可见一斑。

1 夏志清《重会钱锺书纪实》:“我的学生管德华（Edward Gunn）博士论文写抗战期间的上海和北平文学，有专节讨论他的小说，也有专节讨论杨绛的剧本，对她推崇备至。他翻看论文的目录，十分高兴。”

七　文章刻薄，立身长厚

上文所引“许多朋友、兄弟、老师甚至长辈，都会遭到他的挑剔甚至尖酸刻薄的挖苦、讽刺”，真是那么回事。中书君的书评不就篇篇如此吗？《围城》不就是一部“尖酸刻薄的挖苦讽刺”的小说吗？《记钱锺书与围城》不就说“方鸿渐取材于两个亲戚”、董斜川和褚慎明“有真人的影子，未加融化”、“方遯翁二三分像他父亲，四五分像他叔父”吗？宋人说（《管锥编》第一三八八页引）：“天下惟一种刻薄人善做文字。盖模写物态，考核事情，几于文致、傅会、操切者之所为，非精密者不能到，使和缓、长厚、多可者为之，则平凡矣。”清人说：“为文不可不狠鸷深刻。”唐庚有句名言（《宋诗选注》唐庚篇）：“诗律深严近寡恩”，若用朱熹的生动的话来引申，就是："看文字如酷吏治狱，直是推勘到底，决不恕他，用法深刻，都没人情。" 瞧，苛刻严酷是批评家必备的品格呢。

孟令玲《钱锺书的宋诗选注》(台北《自立晚报》一九八〇年六月一日)："从这本书看得出钱氏的刁蛮可爱及偶尔卖弄卖弄的脾气[1]，依然不弱当年。也只有从这些不经意的地方，钱氏才亲切指点出他的真性情，否则像他这样一个神龙般迷走的才子，对人情又如是之练达，要想勾探出他的真性，倒还真不容易……读过钱氏小说的人，大多对其辛辣且近乎苛薄的促狭，留下很深刻的印象。钱氏这份不饶人的本领并未因年龄的增长而稍敛。譬如评吴涛的弟弟吴沆时有这样一段话：'南北宋之交的吴沆《环溪诗

---

1 黄维梁《文化英雄拜会记》(香港《大公报》一九九九年二月五日)："临告辞时，杨绛女士问我'刁蛮'是什么意思，我颇感奇怪，略谓这大概是粤语词汇，有刁钻、蛮不讲理之意。我反问钱夫人为何有此一问，她说曾有人用'刁蛮'来形容钱锺书。" "刁蛮" 一词早见《文学评论》一九八〇年十一月号转载孟文的注释："淘气聪明之意，如粤剧《刁蛮女郎呆女婿》。" 敏泽《我与文学评论》(见靳大成编《生机：新时期著名人文期刊素描》)："这篇文章是我看到《参考消息》上提到，去看钱先生时要的。钱先生看到的，是美国的《华侨日报》转载的，由友人剪寄…… '刁蛮' 的释义是请教了钱先生的。"

话》是部奇特的著作，因为它主要是标榜作者自己的诗。也许他非得自称自赞不可，因为那些诗的妙处实在看不出来。’用这样刻薄的手法来批评诗家，纵非绝后，也属空前。但钱氏的可爱便在这里——深入人情却能出乎其外，不拐弯抹角，有话直说，并且用最犀利的话说。在这种遮遮掩掩的世界里，他的辛辣很发人深思。”——“孟令玲写得真棒，绝妙好词，真个勾探出钱氏的真性，钱先生当颐颔首肯。在五六十年大大小小题目钱默存的东西里，它是属于一流的。”（白克明《评论钱锺书一甲子》，载《钱锺书评论》卷一）

毕务芳《石语：钱锺书与陈衍》（载《钱锺书评论》卷一）：“《石语》的好处之一，就在于‘用法深刻，都没人情’。当然，钱锺书在这里还只属于分列两旁的捕快，坐堂审案的老爷则是陈翁。但是，钱锺书显然同意陈衍签发的大部分判决书，所以‘随文附注’的‘愚见’只是‘偶有’。在这些判决中，许多声名赫赫的近代文人，不论是同年、朋友，还是学生、相识，均被分别轻重缓急，一一处以刑罚，基本上没有无罪释放的。在判决过程中，钱锺书虽在旁边，但没给任何人说情开脱。相反，要是老先生的判决轻了，他往往火上浇油，增添一些罪状，非把那人整治到位不可。例如，老先生骂王壬秋的诗，钱锺书就在旁煽风说：‘湘绮晚年作品，纯乎打油体。早年《夜雪集》中七言绝句，已不免英雄欺人矣。’老先生骂陈柱尊大言不惭，钱锺书就说陈‘真可当土匪名士之号’。有时老先生夸奖某人，钱锺书嘴上不说，心里却不以为然。例如陈翁指客座壁上所悬弟子黄秋岳撰七十寿屏说：‘此尤渠生平第一篇好文字。’钱锺书当时没言语，过后却说：‘黄文结构全仿彭甘亭《钱可庐寿序》。’意思是很明白的。要是当时有机会表现，他也会不客气。例如老先生刚表扬陈宝琛几句，钱锺书就在旁边说陈的书法不好：‘终似放脚娘姨，不甚自在。’使得老先生忙为陈氏开脱。总之，陈翁认为坏的，他就认为坏得多；认为好的，他就认为不够好。可见，钱氏性格，确实刻薄；较之陈翁，有过之而无不及。但这种刻薄，难道不是学术研究所应有而恰恰为今人所少有的吗？这样一种学术骨气，一种面对真理的勇气，对真有水平的人来说，是不怕其带来倒霉与晦气的。同时，或许也提醒我们，假如我们遭了钱先生的骂，实在不必烦恼。难道有他不骂的人吗？”有人大不以为然，说“认为钱先生为人狂傲、刻薄，实是皮相之谈”，其严厉该归功于“一秉至公的刚直不阿和大无畏的学术勇气”云云。（敏泽《论钱学的基本精神和历史贡献》，北京《文学评论》一九九九年五月号）没有苛刻的性格，上哪来引绳批根、逢怒不恤的真理之勇？《管锥编》第五册第八六页：

> 《晚香堂小品》：“吾尝读张桓侯《刁斗铭》……恨其全集不传。”不知此老何处“读”来[1]。岂睹仅存之题而即于已佚之文会心言外耶？既能“读”无字书，则何必“恨全集不传”哉！

好一个辛辣苛薄的促狭！“钱氏这份不饶人的本领并未因年龄的增长而稍敛”，“也只有从这些不经意的地方，钱氏才亲切指点出他的真性情”，孟令玲说得也太好了。这干“学术勇气”甚事！

---

1 《容安馆日札》第五百七十三则：“王述庵《春融堂集》卷四十一《孙鉴之海月词序》云：‘往余读萧东夫诗，最嗜其咏梅之作’云云，直是捣鬼，不知何处得见东夫诗集来！”按钱先生似因“诗”而并言“诗集”，误。原作：“往余读萧东夫诗，最嗜其‘江妃危立冻蛟背，海月夜挂珊瑚枝’。咏梅之作，最为清峭，宜与白石老仙《暗香》、《疏影》异曲同工。”

“历次运动”(《干校六记小引》)，积非成是，习惯成自然，导致观念恶化；污随染成，诸如“刻薄”“狂傲”“清高”表示人性的概念，都成了恶语丑词，“刻薄”“狂傲”的品藻，变为侵犯名誉权的证词——“难免人身攻击之嫌”，得千方百计加以回护辩解。学理而阑入道德，性格复述而混同价值判断，就非弄到这样收场不可。虔信天主教者论文有术，于欲吞并而不能之作家则抹杀之，于欲抹杀不得之作家则吞并之。(《谈艺录》第三八四页)虔信外教徒取钱默存以意识形态周纳之，亦正用“吞并术”也。

《世说新语·品藻》卞望之论郗鉴曰:“郗公体中有三反：方于事上，好下佞己，一反；治身清贞，大修计校，二反；自好读书，憎人学问，三反。”《三国志·魏书·王朗传》裴松之注引刘寔论王肃亦曰:“方于事上，而好下佞己，此一反也；性嗜荣贵，而不求苟合，此二反也；吝惜财物，而治身不秽，此三反也。”钱公有五反：圆于事上，恶下佞己，一反；面谀寒士，背毁名流，二反；自矜声誉，憎人好名，三反；作文刻薄，为人仁厚，四反；吝惜笔墨，喜施财物，五反。虽曰“反”乎，实则正在情理中耳。向达一九四六年四月作《西海感旧记》（昆明《中法文化》一九四六年五月号）：“那时常见面的还有两位文学的朋友，一是萧石君，一是钱锺书。锺书原在牛津，廿五年在牛津已相识，廿七年他连同他的夫人杨季康女士同来巴黎，住在郊外拉布拉士。锺书的学问和为人，国内知道他的很多。不过一般人对他颇多误解，其实他是‘语狠心慈’。有见解，有真情，是一位典型的文人。”语狠心慈抑或口剑腹蜜，亦视其人其事耳，因时因事而异宜焉。人以钱锺书行文刻薄而得享大年质诸文怀沙（刘墨《关于文怀沙先生的闲谈》），文叹息曰：“钱锺书是一个心地非常非常善良的人。”钱先生晚年与文怀沙绝交，光初凶终。钱默存对气味投合之人，真侠肝义胆[1]。

1　刘士杰《忆钱锺书先生》：“我在锅炉边向他告辞时，他要我等一下。只见他匆匆赶回自己的住处，少顷又匆匆赶来，捧着几个罐头肉松塞在我手里。这是他从北京带下来的。我坚辞不收，干校如此艰苦，我怎忍心接受？可是他固执地非要我拿不可，亲手把它们放在我的包里。他又叮咛再三，要我在学工时注意安全，保重身体。我也嘱他多多保重。临分别时，钱先生突然伸出双臂，把我紧紧拥抱。我好不容易忍住夺眶而出的泪水，走上去县城的土路。我走了一段路，回头一望，见他还站在那里向我挥手。”参看杨宪益《回忆钱锺书兄》（香港《大公报》二〇〇〇年五月十七日）：“其实我知道他是个很真诚直率、很关心别人的知识分子。”

八　当面输心背面笑

养父钱子兰二十三岁“补金匮县学附生”，就是“秀才”。钱子泉说他“生资鲁而悬笃逾于寻常”（《大哥述略》）。钱子兰没外出工作，只主持家政，大得人心，“尊之曰小长辈”[1]。年轻时“尝治重力汽机之学[2]，而开当日风气之先”。一度治史，“旁通医药之学，

1 钱默存亦获“小长辈”之尊号。钱先生一九八三年复黎活仁书云（黎活仁《怀念钱锺书先生》，台北《联合报》一九九九年一月七日）：“面谈时，先君呼其［钱穆］字，渠呼先君为‘子泉长辈’或‘老长辈’，呼弟曰‘锺书’或‘小长辈’，弟呼之曰‘宾四先生’。”而钱穆谓此说“完全不确，他和钱基博锺书父子通谱而不同支，无辈分可计”（参看钱穆《师友杂忆》第七章）。果尔，则为钱默存占身分，张门面，生性好胜之“一端流露”焉。一九九一年五月二十日与人通书径呼“远房侄孙宾四”（白小麦《胡绳与钱锺书书信拾零》）。

2 钱基成名列上海《申报》一九〇三年九月五日《上海格致书院夏季课案》“课卷一等”中。

又兼治风水家言”。他是中书君第一任师父，对少年钱默存教化必然最大。钱子兰只抚养儿子十一年就弃世了，才四十八岁。钱子兰生性憨厚，淡泊，有幽默感。《大哥述略》又云：“今锺书年十一岁，锺韩十岁，则亦以大哥之教，而卒读《论语》、《孟子》、《毛诗》、《礼记》、《左传》诸书，暇则涉猎子史，好臧否古今人物，握管作二三百字论文矣。”儿子十岁时，钱子泉作《题画谕先儿》，已云：“汝在稚年，正如花当早春，切须善自蕴蓄。而好臧否人物，议论古今，以自炫其聪明。”可见“臧否古今人物”是钱先生天生的爱好。小学同学邹文海回忆（《忆钱锺书》，台北《传记文学》一九六二年六月号）：“他常常做些小考证，例如巨无霸腰大十围，他认为一围不是人臂的一抱，而只是四个手指的一合[1]。”当是“二三百字论文”里的一种。有开必先，《管锥编》就是“二三百字论文”踵事增华的大辂。邹文海也说“他任意臧否人物的狂态”，上文钱孟献说与之暗合，同

1 钱先生六十五岁作《北史》笔记：“《道武七王传》：南平王浑子霄，‘身长九尺，腰带十围’；《李义深传》：‘弟同轨，体貌魁岸，腰带十围’；《齐宗室诸王传》下：‘孝瑜体至肥大，腰带十围’。小说中‘腰大十围’之‘大’当从此作‘带’。”晚岁之学问，正敦少年之宿好耳。

僚好友李慎之犹云（《送别钱锺书先生》）：“钱先生性格开朗，有时也是口没遮拦的人。”尤值得着眼分明。

同学少年为钱锺书作小传（顾宪良《钱锺书》，北平《清华校友通讯》一九三七年三月号），说：“钱锺书君，不，还是说老钱来得顺嘴，是批评的，确乎是批评的。‘批评的’是他的特性。他好批评，他善批评。他今身今世或许全盘要经营批评的事业了。他是忠实于他的批评的特性的：他到处批评，他逢人批评，他随时批评。对书他固然爱发表意见，对人何尝不是，对自然，对社会，都没有例外。他谈论一张诗笺的精致美丽，正如某个不相识的女人一双眼的灵活生动那样兴奋；他开亚里士多德的玩笑，好像形容一个教授如何在讲演时摇着牛头一样严肃。兴奋里，严肃里，他总说出一个响响亮亮的理由。此所以他是批评的，此所以他是一个可以成为理想的批评的人。因为，他既有诚恳的热情，又有清澈的理智……装腔作势，他是不来的。他捧人，他自然也得骂人，而且骂得厉害；曾经一次受过他尊大人严重的警告，警告当然也无效。捧也好，骂也好，捧骂俱全也好，他对于他的对象一视同仁，只要看他常常惦记着那些被他骂得不像样子不成东西的宝贝便可以明白的。”当然，钱默存品行高尚，学问渊雅，洞明世事，是最有资格骂人的；挨骂的多是该骂的同行[1]，又一点没骂错。盖骂其所当骂，如敲扑加诸盗贼。钱子泉《江西提法使陶杏南先生哀辞》自省：“博实庸流，顾好自标异于庸众，每作书抵当世名卿士大夫，列诋其失，以为名高。”直上门骂人，所谓“有此父斯有此子”，是耶非耶？《管锥编》论班固《与弟超书》，表彰章学诚“于学人文士之欺世饰伪、沽名养望、脱空为幻诸方便解数，条分件系，烛幽抉隐，不啻铸鼎以象，燃犀以照”，实亦夫子自道。此固吾曹著述之悬鹄，仰高山而心向往也。无视这个事实或前提，指责或回护钱先生的骂人，都不够知己。

“他捧人”，不过略尽“社会生活中”的义务。王水照见得多了（《缅怀钱锺书先生》，上海《文汇读书周报》一九九九年一月二日），“心里有数”，不把书札序

1 张隆溪《怀念钱锺书先生》：“与钱先生接触，我深深感到，他对老辈和已经成名的人要求较高较严，而对后辈则往往格外宽容。”而“后辈”的米汤量素来不大，被灌得酒醉似的忘乎所以。

跋之类社交文字当真，不过偏限于“对后辈奖饰溢量”，则只道着一半。而好些人不明就里，往往以钱先生“米汤大全”中语寄耳目而托腹心。俯拾眼前一例。黎兰专门挑钱先生复郑朝宗书中“米汤大全”行货，作成长文《钱锺书与郑朝宗交往录》（香港《大公报》一九九九年九月十八至二十日）。郑谈《围城》之作，钱先生尝面谀为“赏音最早者”，而后来又背毁为“颇不中肯”（见李洪岩《关于围城》，天津《小说家》一九九七年十一月号）。郑朝宗作文推介钱著，钱先生谢不绝口，“生平独学冥行，幸获知己如兄及子谦者数人。其他或则钦宝莫名其器，或则随声浮慕”（陈子谦《我与“我们仨”》引，成都《中共四川省委省级机关党校学报》二〇〇五年九月号），甚至夸说“使释氏之说而信，弟来世变驴变马答报高厚不尽也”（黎兰文引）。但转过脸来也会说：“郑君之害我深矣”，“钱学之名，牵累弟不少，年来清静，破坏殆尽”（见前引敏泽文）。亟须着眼分明的是[1]：郑氏一门“于区区手眼，尚未窥

1　汪荣祖《槐聚心史》第五章录钱先生一九八五年三月十二日手札。其《弁言》谓“我携新购得之《管锥编研究论文集》相示，钱先生见之微笑，即至客厅书桌奋笔疾书数行于书端”，何不录示大众？这“微笑”是从书上移到钱先生脸上的——“张小姐不能饶恕方鸿渐看书时的微笑”。

识。弟之所谓辩证法，本于老庄、禅宗及黑格尔，乃马克斯所斥‘唯心的辩证法’，书中直言不讳。诸君以‘唯物的辩证法’品目之，使弟受宠若惊，而有挂羊头卖狗肉之嫌矣”。则“知己”乃谬托尔。钱先生手帖又云：“环顾四海，学问同心之友，近有周君振甫，远惟兄耳。”这是在与郑朝宗中断交往差不多二十年后首次通信的话，郑一定激动得睡不着，竟拿它到中共中央机关报上影印（《管锥编作者的自白》，《人民日报》一九八七年三月十六日），钱先生当不会乐意。略知钱默存的人都知道，钱先生一生并没有一个“学问同心之友”，谁能有钱先生百分之一的智慧和学问？“寡处独学。独行其是，不顾人非。自娱其老，不期同好”，这个钱先生书札中常语（亦见敏泽文），才是他的真情实话。钱先生拈出若箴铭然，是借自发之明为自觉之融也。当然，“文人苦独唱之岑寂，乐同声之应和，以资标榜而得陪衬，故中材下驷亦许其齐名忝窃。白傅重微之，适所以自增重耳”[1]。

---

1 《谈艺录》第一七一页。参看第五二九页援用刘声木《苌楚斋续笔》卷九引林象鼎《樵隐诗话》：“随园之盛名，良由推毂者多，又全在肯奖拔后进。感之者多，故誉之者广。然则植人者，实植己也。”

请旁行以观。昔孔融于郑玄忽骂忽捧，《管锥编》论其《与诸卿书》辨之明——

> 如融此《书》全佚，而只存其《告高密相立郑公乡教》、《缮治郑公宅教》，则世必以为融于郑玄悦服无间；脱此《书》仅存，而两《教》都佚，则世必以为融于玄鄙夷不屑。今三篇俱在，官《教》重玄之时望，私《书》薄玄之经学，立言各有所为。公廷私室，誉毁异宜，盖亦平常情事。然脱好行小慧，或责其两舌后言，“当面输心背面笑”；或谓两《教》一《书》，作有先后，钦敬经久而衰，识见与年俱进，“文章藻鉴随时去”；甚或疑三篇非出一手，容有赝托误编，“却笑旁人被眼谩”。鼓怒浪于安澜，震鸣条于静树，当不乏喜事者耳。

公私之分，非即真伪之别，固也。《谈艺录》早曰（第二六七页）：“当面输心，覆手为雨，逢迎竿牍，语不由衷，‘米汤大全’中物也。”然而，钱默存于背前面后骂人，非关公私，合当“两舌后言”之责。钱默存尝致函许景渊（《从钱锺书先生学诗散记》，《记钱锺书先生》):“某君乃龚鼎孳司阍所谓‘诗蛆’耳[1]，而盗名窃位，遂使公论不申。区区者淫威如许，即小可以见大。曩岁孙大雨撰文纠其谬，《外国语》、《译林》皆不欲载。学究酸丁，亦相回护，如官场然，世有贾生，得无痛哭流涕长太息哉！”丑诋卞之琳，可当时却面对“官场酸丁”重贬孙大雨（李景端《风疾偏爱逆风行·钱锺书信中的私房话》）:“卞译的风波，良佑同志上周来长信都讲了。不出所料，我也许是第一个敲警钟的人[2]。《外国语》如此处理，我认为很妥当。孙的刻毒，一半是故态，一半是宿怨，因曾遭排挤也。”盖“世俗常态，每面前虚词取悦，背后方实言无饰”[3]。这儿言钱默存未能免俗，此即一端。钱

---

1 《霞举堂集》笔记节抄卷七:“龚合肥以总宪守制家居时，士人投诗，日以什百计，阍者往往应接不暇。一日，有士投诗，阍者受置几上。士促之。阍者掷其诗，叱云:‘去，去！汝这诗蛆，也来献诗！’”《坚瓠集》笔记亦载之，并批“诗蛆”曰:“千里乎！小趋乎！”

2 “卞之琳同志整页的前言，虽说‘正谬指偏’，其实是说他的译文比‘各家中译文’都好。整篇都表示他的译文不同凡响、出类拔萃……假如你利用主编应有的权力，情商节删一些自我吹捧语，也许不会引起读者的笔墨官司。”——李景端《翻译编辑谈翻译·钱锺书谈译林的信》。

3 《管锥编》第三三页。其增订云:“德国大诗人亦斥‘世俗’为‘妇人’:‘汝面姝丽，汝背则秽恶可憎。’”《谈艺录》（转下页）

先生教我们学会“知言”：把他一时兴到语和他成熟考虑过的议论区别开来，尤其把他的由衷认真的品评和他的官样套语、应酬八股区别开来。

（接上页）第五二九页：“面谀而背毁，生则谀而死则毁，未成名时谄谀以求奖借，已得名后诋毁以掩攀凭，人事之常，不足多怪。”

九　演员的训练

钱默存出生那年，本生父钱子泉是一位长官的秘书，江西提法使陶大均的记室，不久那有力无命的主公一病呜呼，他只得打道回家[1]。辛亥事起，钱子泉又做了援淮总司令顾忠琛的师副官参谋，军衔为少校[2]。“第二次革命”失败，他就弃戎从教，回乡当上了“猢狲王”。由小学到大学，一辈子看书写书教书。钱默存当外国语文大学生时，钱基博就在

1 钱哑泉《江西提法使陶杏南先生哀辞》:“博识公，当己酉秋九月十九日，其舍我而逝也，以庚戌秋七月九日；侍公左右，前后才九月二十一日耳。”忘了扣除回乡探亲的时间。一笑。

2 上海《申报》一九一三年五月二十日登载告示，“陆军总长段祺瑞呈请授……钱基博……为陆军步兵少校”。《潜庐自传》作“授职陆军中校”，或出诸矜夸之习。

报章上似乎承认自己的学识文章赶不上儿子。从署名钱基博的文字里辨识中书君的文笔[1]，是带刺激性的乐事，所谓“灵魂之冒险”。钱子泉少年时有志新学，一面用功科举[2]，一面托人到上海买了风行的《英字入门》《翻译进阶》来自修英文（英译

---

1 李慎之《送别钱锺书先生》:“钱先生和我是世交，他的尊大人子泉先生和先君柏森公是朋友，因此我从小就能听到夸他读书如何颖悟，小小年纪就能代父亲司笔札、做应酬诗这些话。”日昨读《延旭轩俪语序》:“余尝谓俪语之制，贵能树骨立干，匪偶对工丽之难，而风骨遒上之难。近世作者，往往喜用诗语、词赋语，描头画角，比诸采死翟之毛、抉焚象之齿，生意尽矣。求其俪语制词无伤逸气者，独南通张啬老能自制伟辞，硬语盘空，如孙可之所称:‘拔天倚地，句句欲活，读之如赤手捕长蛇，不施控骑生马，急不得暇，莫可捉搦。’然俪语小道也。啬老英声茂实，世莫与京，而俪语之雄伟，足与德业相称，殆如狮子搏兔亦用全力者耶！其乡人费君范九尝学诗文于啬老，近出《延旭轩俪语》相示，驱气遣辞，规度宏壮，信足以起衰振敝，无愧师门者焉。吾闻让清咸同之交，湘乡曾文正公实以湘军起讨贼，摧锋半天下，赫然为中兴元老；又能文章，喜讲学，士流归仰，固一世之雄也。顾所沾沾自多者，乃在所制楹帖。于其殁也，吴南屏挽联有云:‘廿年力战成功，委运归天，不共汾阳论事业；一卷挽联行世，戏言铭墓，肯于海内占文章。’盖纪实也。费君异日名德未知视前人何如，即此《延旭轩俪语》一卷，风轨未遥，犹存古逸，已足以继躅昔贤，俯视一代矣。遂书以归之。无锡钱基博。”为之眼明，叹为绝妙好辞，的出中书君手笔——年方志学。

2 钱孙卿《孙庵年谱》详纪“屡试不利”，而钱子泉似讳言之。

汉《亚几梅笛别传》《印书箴》《嘉利乐别传》《文字源流之中英比较观》《国学文选类纂·埃及文与华文同源说》)[1]。读《东文问答》而略懂日本文（译述《参谋论》——“参谋官平日研究之事，绝非精通外国语学不可”)。读严复译《天演论》从此对于生物学、自然科学发生兴趣。三十许编《国民外交常识》《世界经济思潮之变迁》,《论语孟子约纂》诸作颇采译籍，复尽三十余年之力撰《欧洲兵学演变史论》——“上溯西历纪元前之罗马战争，下迄第二次世界大战”。钱老泉勤奋刻苦，立说著书，满家名世。

在《潜庐自传》里，钱子泉记父亲制定的“家范”:“不许接宾客、通声气，毋许入学校，毋得以文字标高揭己，沽声名也。”结果呢，“基博所至，则常思树立师范以矫一世之枉”。自许正尔不浅。钱

1　钱子泉《国文研究法》谓“友人恽铁樵教余治英文”。《吴江则女中学国文教授宣言书》欲“沟合中西文字而得其会通”；《亚几梅笛别传》言“悟中西文字息息相通”;《印书箴》:“博不晓西人文字，但觉其谋篇绵密处殊与祖国文字无韦，所谓此心同、此理同，推之东海而准、推之西海而准者也。诚窃以为诸生读旁行文字，倘能以祖国文字之篇法章法律之，必能有所悟入。尚其勖哉！”然则“儿子锺书能承余学”，而中书君自毋庸“深惭家学”也已。

子泉心里也明了“生平以古人之道自处，每欲以古人之道切劘世故，不免凿枘”（一九四〇年七月二十八日复郭晋稀函），再晚一些时候，无奈宣告“博无力改造人心，惟有自持此心”（一九四六年四月十日致郭晋稀札），犹不肯遽屈：“我不能转移风尚，我何可为风尚转移。”（《树立师范以安定民生》）钱潜夫要坚守道德上人格的完美，始终把这种完美人格的理念作为为人处世、治学著述的出发点和归宿，从而使他本人在道德使命感驱动下俨然成为人类道德行为的楷模与评判者。凡是不符合他那原则和理想的人或事，他自然看不惯，忍不住要骂上几句[1]。（李洪岩《钱锺书生平与学术》第一章）不过，照老泉亲家老圃的高见（《共和自修身齐家始》，上海《申报》一九二一年九月二十二日），“人性多弱，最难恃者实惟道德”。照老泉文郎中书君看来（《谈教训》），“常思树立师范以矫一世之枉”，是三十三天旗杆顶上人口气，那只是“四十岁左右”

1 钱锺汉《两位学者——钱基博与吕思勉》（南京《中央日报》一九三六年十月十二日）：“我伯父看过报后，就是一抛；政府也骂，人民也骂，甚至学生抽香烟、穿西服也骂，女子穿高跟鞋、烫发更认为是祸国之源，好像一切都关他事……但又不许我们做子弟的热心太过。他常常对我说：处人处事热心太过，就是造祸之端。劝我这方面不要学他。”

的钱哑泉“自告奋勇来做人类的义务导师”。“道德家像某某之流，并未能把教训来减少人类的罪恶，只是由教训他人而增加自己的骄傲。”“上帝要惩罚人类，有时来一个荒年，有时来一次瘟疫或战争，有时产生一个道德家。”道德家实际比战争、瘟疫、荒年还厉害，孟子早以“邪说淫词”与“洪水猛兽”并列，“实足以祸天下后世”（《管锥编》第一一三三页）。生活在近世的人对这一“钱锺书思想”想必不会骇怪。一切历史都是现代史，钱锺书论文考史的兴趣和研究是现代的（《管锥编》第一〇八八页）。当然，钱子泉并非掌操国柄的政治道德家，他只是个迂谨的文人道德家，什么罪恶也没有犯过，“只是由教训他人而增加自己的骄傲”或补偿不善务俗享福的缺陷而已。此情此景，读《谈艺录》“诗人例作大言，辟之固迂，而信之亦近愚矣”（第一三二页），更觉亲切有味。

钱夫子的“一本正经”，既是家庭教育使然，也是自身修养的结果，还是自我表演的需要。一个人将道德修养当作强项优势，往往就利用它来自我表演，从而又强化他的优势；老子所谓“美言可以市，尊行可以加人”也。一旦把自己捧到道德的虎背上，想下来也下不来了——魔鬼所谓“初步专由自主，继武即局趣为奴”（《管锥编》第五册第一七七页）；“长此作伪者初伪而终失其伪”，倒也天遂人愿。做善事并不难，难就难在做善事而不事张扬；做好事不留名，才算得超凡入圣。钱子泉终归未脱人的根性[1]。儿子锺书呢？愈发故故必欲违人自异，津津自矜娇情遏性，声言（见前引敏泽文）：“《泰晤士报文副》六月出中国专号，要我文章，英国电视台要放出《中国人》节目……求登门摄影，我都不答应，但都得费笔墨口舌，‘善为说辞’。都是名利双收的勾当，不受抬举，反要赔小心，折本生意，只傻瓜如我者做。”其词若有憾，其意实自夸。不过，更多的是这样。《联合文学》一九八九年四月号有“钱锺书专辑”，钱先生放声表态：“贵刊专号，实属殊荣，下风逖听，反增惶愧。虽感提奖之盛情，颇乖晦藏之

1　李洪岩《钱锺书与近代学人》第一章。日札第五百五十七则论邹浩《道乡集》，录卷三十二语：“人作好事，不堪再说，说着便不中。”参看《三国志 · 魏书 · 胡质传》裴松之注引《晋阳秋》：晋武帝叹胡质清，谓其子威曰：“卿清孰与父清？”威对曰：“臣不如也。臣父清恐人知，臣清恐人不知。是臣不如者远矣。”李慎之《送别钱锺书先生》：“他却总是暗地里资助一些生活困难的同事或者学生。不但施不望报，而且力避人知。”

本意[1]。逃名未许，盗誉贻讥。然尊意难回，成事不说。仅引Truman Capote：'like turtles turned over on their backs'之语解嘲[2]。"仿佛又做巫婆又做鬼，跟兔子逃跑而也和猎狗追赶。这样一来，两面都兼顾了。这个修辞上的策略可以表现为各种方式。然而，障风而正复为风裹，彼人者寡不死其所长，求名而亡，欲盖而彰，"老子之辩证法"就是这样刻薄寡情。

老泉表演道德，中书君则擅长表演学问和智慧。钮先铭《记钱锺书夫妇》："锺书夫妇终将回英伦去，临别他送我一首五律，是借用程思进的毛笔写的，可以说是写作俱佳，文情并茂。本来他早想露一手的，所以才在七夕文会上要拉程钮两氏来陪衬。可惜我和老程都想藏拙，根本没有答理这回事。"夏志

---

1 事后，钱先生慊其美中不足，和堂弟说（见《不一样的记忆·信札二通》）："台湾《联合文学》今年新出版四月号《钱锺书专辑》中有英、日文有关目录，未及德、法、俄文中评论，去年西德*Arcadia*一文论《管锥编》者尤佳，香港已有人译。"

2 薛鸿时《我所认识的钱锺书先生》（见《钱锺书先生百年纪念文集》）："他不愿被闲人追捧，引用'a famous man is like a turtle turned over on its backs'——名人就像任人摆布的乌龟。"

清《重会钱锺书纪实》:“钱锺书表演了两小时，满堂热烈鼓掌。”《作者五人》说:“Epicurus开过柏拉图的玩笑，说他是演戏的人（Dionysiokolax），哲学史家从来不敢提起这句非圣无法的话，不过，照我以上所说看来，这句玩笑未尝不是真理。”这儿说钱默存雅善表演，准有人以为“非圣无法”，戟手怒目而斥或发指齿断以骂。著书立说，著书是为了立说，立说就是表演自己的才学。表演得好，人就红火，追随者就夥。钱先生著书立说，为了向世人表达他对人类最透辟的了解、展现他最高的智慧，为了寻求快乐，“替沉闷的人生出一口气”。许德政《怀念钱锺书先生》（悉尼《东华时报》一九九九年七月二十三日）:“我每次向钱先生求教，他有问必答，不厌其烦。你问的问题越刁钻古怪，他回答时越显得高兴。有时口头回答后意犹未尽，第二天还会上楼来，如果我不在，他便推开虚掩的门，写在找来的纸片上，搁在桌子上。”刘士杰《忆钱锺书先生》:“你向他提问，他不仅头头是道地解答，而且还要搬出书和读书笔记，找到凭证给你看——哪怕你已经心悦诚服了，说:‘怎么样？我这老头儿记性怎么样？’他脸上的神情就像孩子一样得意。”薛鸿时《我所认识的钱锺书先生》:“有时我的提问‘挠到了痒处’，触动他‘掉书袋’和‘卖弄’的‘毛病’，他就会大段引用古今多种语文典籍。”看钱先生表演得多欢快呀！他明白宣示（前举敏泽文引）:“独行其是，不顾人非。自娱其老，不期同好。立宗开派，觉世牖民，既无此心，亦无此力耳。”读钱著者被作者的表演折服陶醉，不知不觉成了“颠倒而忘身命”的钱迷。

一〇 擢德塞性以收名声

“不得标高揭己沽声名”的“家范”，钱默存遵守得如何？“教门戒律，信士辈所不可不守而每复不能尽守者也。脱可以不守，则不成为戒律；脱人尽能守，则无须有戒律；既必守而又难守，于是诪张为幻焉。阳守戒而阴不守戒，如梁武所诃隐避覆藏之背地吃荤，尚是作伪欺世之粗浅者。更进则行伪而辩，一若貌似不守戒而实仍守戒……盖欺世亦且自欺。静言思之，世间法之律令礼文每犹出世间法之教规而已。”（《管锥编》第一四四五页）静言思之，钱先生实亦徘徊不可不守而复不能尽守间。譬如，“我为自己‘约法三章’，其中一款就是不为有关于我的书（传记、研究）作序，以免受到自我吹嘘的诱惑，泄露互相标榜的丑态”。（刘中国《钱锺书：二十世纪的人文悲歌》第五章引）可他终究受不了亲手制造的理论的束缚，为一研究《管锥编》的书作序，“泄露互相标榜的丑态”。

“大多数永远是错误的”（《论俗气》），钱默存绝不是大多数人心目中的给宣传家制造出来的“圣人”[1]，“清高到没人气的名士”；“圣人虽圣，亦人也”，况钱先生非圣人乎！“成贤成圣也不是一般人愿意和能够的”（《七缀集》第一三一页），钱锺书也只是人，照样具有无毛两足动物的基本根性（the essential rottenness of human nature）。咱们是俗人，他是避俗未能免俗的人；《槐聚诗存》不云乎：“拉丁诗人谓哲人寡嗜欲，荫树临溪，藉草以息，乐在其中。微恨其于食色天性度外置之，则又如司马谈论墨家所谓俭而难遵矣。余周妻何肉，免俗未能。”天性大欲之外，还要什么？名其首务也：“爱身惜生之外而复好名，此人之大异乎禽兽者也。”文人更好名，“固不可不善于自誉哉”（《管锥编》第一四五〇页）。侈谈

---

1 “把钱锺书神化或圣化，都是违背先生为人之根本的。”——陈骏涛《钱锺书先生之真性情真人格》（长春《作家》一九九九年三月号）；“至于人，都有俗的一面，看在什么场合表现了。”——前引钱中文文。

文人钱默存不“好名”，是禽兽之也。“‘名’非必令闻广誉、口碑笔钺也，即‘人将谓我何’而已”（《管锥编》第五一九页）。钱默存是人，当然在意“人将谓我何”。所以，访客不得做笔记，不得录音[1]，要发表访问记得先让过目修改，而亲近的老朋友常常会听到“你要写我，咱们就绝交”的警戒[2]。《中书君诗初刊》刊行十年后，钱默存匿名为《尊瓠室诗话》做简评（北平《中法汉学研究所图书馆馆刊》第一号），扬己取名：“故当时能诗有声之士，老辈如冒广生、李宣龚、夏敬观、周达、谭泽闿等，新进如钱锺书、钱萼孙、冒景璠等，无论相识不相识，莫不挂名书中。”而陈书只称钱诗一联“殊典雅”，必不位置钱默存于钱萼

1 潘媛《消逝的风度》(《成都商报》二〇一〇年十一月二十一日):“小夏对钱先生的著作研究极深，聊到兴头上，钱锺书提出跟小夏一起写文章，但小夏万万不敢。这次珍贵的谈话，小夏竟然偷偷在口袋里放了录音机。郑土生说，他被吓出一身冷汗，不敢想象钱先生知道了这个事会多么生气。”

2 林湄《一代学者钱锺书》(《深圳风采》一九八六年十一月号)、吴泰昌《秋天里的钱锺书》(上海《新民晚报》一九九〇年十二月二日)、赵昌春《我同钱锺书的短暂交往》(《大连晚报》一九九九年一月三十一日)、单三娅《钱锺书与光明日报》(北京《光明日报》一九九九年七月十六日)、刘士杰《忆钱锺书先生》、任明耀《怀念恩师钱锺书》(上海《世纪》一九九九年九月号)等，不俱举。

孙、冒景璠前。这也坐实了钱默存的“理想”:“对自己最好的颂赞，是好像心上要说的，而偏是耳朵听来的，有自赞那样的周到和中肯，而又出诸傍人的贡献。咱们都有这个理想，也许都曾在梦里造个人来实现。”近于万维网获睹钱槐聚与董衡巽手帖:“日本杂志既非现成凑手，便作罢论。此亦好名之心不除，未能免俗也。”日本杂志不识何指，必刊有品评自家文字者。好名好胜好计较之心亦钱先生“脱去之最后衣服”也。汲汲求阅的同时，钱先生自会示人以相反一面（吴泰昌《我认识的钱锺书·关于旧文四篇》）:“最近又承美、意朋友寄示今年五月美国《亚洲研究》、十月法国《世界报》上的文章[1]。这种东西送来了就看看，我并不大好奇。”获得钱先生亲笔赞

1 一九七八年十一月七日与郑朝宗书（见《郑朝宗纪念文集》）:“贵校如有美国*Journal of Asian Studies*，可检今年五月号；如有法国大报*Le Monde*，可检上月二十日；于弟不啻刻画无盐，如云‘the greatest novel in modern Chinese literature’，‘Un des plus importants et plus originanx écrivains du XX siècle’。幸此间知者不多，不然又将钳我于市朝矣。戏用《红楼梦》《儒林外史》典故作四六语云：贾宝玉的营生，干于小时；匡超人之选本，行在外国——金圣叹批《水浒》所谓‘此一联又堪绝倒’者也。”一九八七年七月三十日与李国强书:“今春法译《围城》及《诗学五论》出版，反映颇佳，《世界报》等评论想必察及。”

为“甚好”的吴泰昌《秋天里的钱锺书》说：“他做到了誉不大喜而毁不大怒。钱先生能有毅力地甚或带有某种自我抑制地去坚持这样做，并不比他写出《围城》、《谈艺录》等巨著容易。”知言哉。“十六世纪意大利政论家亦谓安乐为人之大敌，其难御远过于困苦。”（《管锥编》第二一八页）吴说原本钱先生的自许（《我认识的钱锺书·关于旧文四篇》）：“年纪老了，性情顽钝不灵，虽不能说‘誉不喜而毁不怒’，至少说得上‘誉不狂喜而毁不暴怒’。”十几年精进不懈，“老来顽钝，已渐臻誉不喜而毁不怒之境界”（汪荣祖《槐聚心史》第六章引）了。

《潜庐自传》有一句顶好顶实在：“余自知嗜欲过人，稍一纵恣，惧回头不得，今手中不留一文钱，欲束身自救以不入于慆淫耳！”斯达尔夫人与清修教士晤言，赞其愿力坚卓，能勿与俗人同嗜好，遗尘浊世路而入清净道场；教士答：“我侪自问皆孱懦无勇之徒耳！不敢上阵厮杀，只办闭关退保，聊固我圉而已。”（《管锥编》第九一五页）恰可为之做注脚。那么，世人的夸赞似有几分“因背伛而称谦态鞠躬、颊肿而赞贵相颐丰也”。同样，钱先生深知“好名之心每足与爱身命之心争强而且凌加焉”，所以，刻意矫揉，尽心涵养，拂逆本性，逃避诱惑——“非皈依道德，乃畏避罪恶耳”（《管锥编》第五册第二〇三页）。《老子》曰：“天地所以能长且久者，以其不自生，故能长生。是以圣人后其身而身先，外其身而身存。非以其无私耶？故能成其私。”《管锥编》笺释道：“皆有心之无心，有为之无为，反以至顺，亦假无私以遂其私也。”《庄子》：“众人重利，廉士重名，小人殉财，君子殉名，其于伤性以身为殉一也。”《管锥编》进一解道：“所恶于名者，以其逆性累身耳。苟厚生适性，舍名莫能，则不特不去名废名，且将求名兴名，固未尝一概抹杀也。”

朱圣弢《钱锺书逃避诱惑》（上海《申江服务导报》一九九八年十二月三十日）记与钱先生问对，很传神。

> 人们都说您淡泊名利——
>
> 名利对任何人都有诱惑力！
>
> 那您追求名利吗？
>
> 因为追求名利，最后把自己变成自己都厌恶的人，人生还有什么意思！
>
> 所以，您很少涉足社交圈、名利场？
>
> 是的，我在逃避！

逃避名利？逃避人群？

不，是逃避诱惑！

这是说，钱默存非“不好”名利，乃实好而畏避，矫情遏性，求己心不乱。（《管锥编》第九一四页、第一〇七五页）恰好在别处，钱先生对“逃避诱惑”有很好的阐释（《管锥编》论司马相如《美人赋》及《老子》第一一章）——

德国哲人（Scheler）言苦行或出于心实爱好而克抑，或出于心本憎恶而弃掷，前者为禁欲之真，后者为禁欲之貌。法国文家（Montaigne）屡申斯旨：“何为有德？于娱情快欲之尤物能戒而绝之，是为有德。”亲接可欲而自持不乱，方许语于有德。《淮南子》说《老子》“圣人后其身而身先，外其身而身存”，举公仪休嗜鱼而不受国人献鱼，谓受人鱼则或致免相，免相则不能自给鱼；盖无异《史记》言“廉吏久，久更富”，吏廉则不至以贪墨败而能久于其位，久于其位则虽廉而亦自能富。《朱文公文集》论老子曰：“其实乃所以先而存之也，其爱身也至矣！此其学所以流而为杨氏之为

> 我。”严复评亦曰：“此章乃杨朱为我、庄生养生之所本。”是矣。祸福倚伏，成亏辗转，养尊处优而以为合礼之宜，则将居之不疑，渐滋侈泰，悦生乃至于无生可悦，纵欲乃至于欲纵不能。欲不得宜，则无生之乐，欲可得逞，又以生为抵，斯所以必得中行而与之。《吕氏春秋·本生》：“有不肯富贵者矣，由重生故也。”《贵生》曰：“非恶富贵也，由重生恶之也。”

钱默存就是“由重生故”，以求“长利”——《庄子·骈拇》所谓“擢德塞性，以收名声”也。钱潜夫《吾人何以为生》也袒露：“不见可欲，其心不乱，萧然物外，名教中自有乐地。”

吴泰昌《秋天里的钱锺书》：“适度的称赞他不仅能接受，往往还会引出他的几分得意的微笑。”钱先生序研究者书就说：“对赞美，我当然喜欢；对毁骂，我也受得了。”但他同时也会扬言（见前引敏泽文）：“悠悠毁誉，何足挂怀！”是的，“有自尊心的人应当对不虞之誉跟求全之毁同样的不屑理会——不过人的虚荣心（vanity）总胜于他的骄傲（pride）”（《杂言——关于著作的》）。当然，“誉出于无誉”，“求美名则不得美名”（《管锥编》第四四一页），“无誉”即不“溢”也。其实，钱先生反感的是“溢誉”，“福满祸临，誉溢谤生”之类“辩证之理”的说教是他通信中常用题材。“落索身名免谤增”，“落索身名”是为了避“免”“谤”议“增”生，理想的境界当然是身名安泰常葆而誉满天下。可是，“拒之适所以挑之”（《管锥编》第四一〇页），钱锺书逃名而为虚名所累。

许德政一次见钱先生喜形于色，便问是何故，答曰（前引许德政文）：“没什么。外地有个人，碰到一个拉丁字，查字典，请教当地学者，来京又多方求教，刚才到我这儿来，我随口就给他回答了。”不由人不想起《围城》的妙笔：“李先生得意地把头转个圈，恨不能身外化身，拍着自己肩膀，说：‘老李，真有你！’”这也是人之常情，钱先生在著作中就考论过。《小说识小》：“董若雨《西游补》记孙行者被老人救出葛藟官，老人忽合于己体，乃知即自己真神，‘慌忙唱个大喏，拜谢自家’。此语曲尽心理。人之自负才能本领者，每做一事，成一文，津津自道，恨不能现身外身，于自家‘唱喏拜谢’，香花供奉，匪特我我周旋，形神酬答而已。余中外友人中此节足与二子媲美者亦复指不胜屈。”没把自己算在里面[1]。《管锥编》第五册第二四〇页："大言而不怍，重言而不怠，朱仕琇其尤也。《梅崖居士文集》中，十篇而九，皆自评自赏，津津口角流涎；睹记所及，古人无俦，虽桑悦亦远勿如[2]，今人则吾不知矣。"邹文海《忆钱锺书》："犹忆与杨季康初次见面，我说厦门大学的朋友盛称季康的剧本上演甚为成功，锺书君作色答：'你们只会恭维季康的剧本，却不能知道钱锺书《围城》的好处'。"吴忠匡《记钱锺书先生》："中书君年届耄耋，但仍充满了对自己力量的自信。"所以钱先生晚年就不讳言自家"忻忻自得"。"他喜欢在房间里边走边高声谈话，有时为自己的善譬妙喻爽朗大笑"；他尤其欣赏自己的幽默，笑个

1 程方毅《李克访谈录》："钱锺书是独一无二的。他公开声称他会与新政府合作，但他又保持他自己的独立。他真的是非常的聪明。那个'批评和自我批评'的活动完全对付不了钱锺书这样的人。钱锺书真是一个人物！我从来没有遇到一个比钱锺书还要自负的人！但是这种自负是以一种比较可爱的方式，他在絮絮叨叨、自我夸耀时总是面带微笑。"

2 《槐聚诗存·昆明舍馆作》："狂言我愧桑民怿。"《谈艺录》第二六五页："桑民怿《道统论》有曰'夫子传之我'，盖与'宗元小子'等语，如出一辙。""宗元"云云《舌华录》笔记札之："桑悦调柳州倅，不欲赴。人问之，辄曰：'宗元小生，擅此州名，吾一旦往，掩其上，不安耳。'"

不了[1]。

人类的天性，一方面要卖弄，一方面要掩饰。钱默存很矛盾：一方面和俗人一样“当然喜欢”“妙入心坎”的誉，一方面如哲人一样深知“溢誉必招谤”；一方面享受世俗的名利，一方面拒绝魔鬼的引诱；一方面入世，一方面出世。乍进乍止，忽此忽彼，钱默存始终未能摆脱这种矛盾，仿佛进行拉锯战或跷跷板游戏。“欲熊而勿舍鱼，得陇而仍望蜀”（《谈艺录》第五八一页），咱们俗人都这样：“东食西宿，取熊兼鱼，殆人心两歧（ambivalence）之常钦。”（《管锥编》第三〇八页）“他了解该做的事未必就是爱做的事。这种自我的分裂、知行的歧出，紧张时产生了悲剧，松散时变成了讽刺。只有禽兽是天生就知行合一的，因为它们不知道有比一己嗜欲更高的理想。”（《释文盲》）

钱默存常常说[2]：“天下是矛盾的，不普及就变成

---

1 王水照《对话的馀思》（广州《随笔》一九九〇年三月号）和前引吴忠匡文。《围城》第六章：“辛楣欣赏自己的幽默，笑个不了。”

2 孙雄飞《钱锺书杨绛谈围城的改编》（合肥《艺术家》一九九一年三月号）。参看《为什么人要穿衣服》：“时髦（fashion）之所以为时髦，就在于他的不甚时髦（fashionable）或流行；一件东西真变成时髦或流行了，那就不足为奇，换句话说，那就不时髦了。作者没有把这个现象界的‘诡论’（paradox）讲得十分清楚。”

名贵。什么是时髦？就是不普及。一变普及就不时髦了。”是的，他自己也是矛盾的。一方面发誓要把“知希则贵”“暗然而日章”当成“至死不变”的原则（见前引敏泽文），保持名贵；一方面被“普及钱锺书”的口号诱惑，纵容舒展凭剪刀糨糊弄出一套“虽欲启学，实芜正典”的《钱锺书论学文选》。

邓伟《中国文化人影录》有钱默存“影”在，并“录”其“和本书编者的一次谈话”：“你采访了一个作家，未必因此更认识他的作品。他有一种不用文字写的、不可能出版的创作，你倒可以看到。我们即使不写小说、剧本等等，不去创造什么人物形象，而作为社会动物，必然塑造自己的公开形象，表现自己为某种角色。谁也逃避不了这个终身致力的制造和维修工作。但是，尽心极力的塑造并不一定保证作品的成功和效果。用谈话和举动为自己制造出来的公开形象，往往是一位成功作家最失败的创作，当然也许是一位坏作家的最好的创作。”这节话的意思，也许可以把《管锥编》论梁简文帝《诫当阳公大心书》里面的话衬托出来：“‘文如其人’，老生常谈，而亦谈何容易哉！虽然，观文章固未能灼见作者平生为人行事之‘真’，却颇足征其可为、愿为何如人，与夫其自负为及欲人视己为何如人。”中书君无疑“是一位成功作家”，那么，他的“最失败的创作”——“其自负为及欲人视己为何如人”是什么呢？是“落索身名免谤增”的强聒[1]。

“夫爱身惜命，人之常情；然夸称一死生、外形骸者而珍发肤如卫头目，则匹似逃影而行日中、匿迹而走雪上也。……求不死与齐生死，皆念念不能忘死，如击舟水上，则鱼下沉而鸟高翔，行事反而心畏一也。”“断肉之制，初非为彼，而念切生天，引绳自缚，既耽滋味，又畏孽报，于是巧作言词，大加粉墨。”（《管锥编》第五一七页、第一三七七页）“语语不畏死，正是畏死语”；“人但知满口公卿之人俗，而不知满口不趋奉公卿之人更俗”；句样可资套用：“语语不好名，正是好名语”；“人但知满口名利之人俗，而不知满口不好名利之人更俗”。钱默存说得好极了：“无心何太饶舌？着痕迹而落言诠，为者败之耳。”“非胸中横梗生死之见，何必作达？非意中

1 《槐聚诗存·叔子病起寄诗招游黄山》，一作“黯澹声名免谤增”（《清诗纪事初编》笔记），“黯澹”一作“冷淡”（许景渊《从钱锺书先生学诗散记》引录）。钱先生《敬斋古今黈》笔记两见，胥摘卷五之“俗语：有心避谤还招谤，无意求名却得名”。

系念生死之苦，何必解脱？破生死之执矣，然并未破而亦破也；忘生死之别矣，然未即忘而亦忘也。”（《谈艺录》第二三六页、第五〇四页）《论俗气》：“卖弄装腔以及一切有市井气或俗气的事物，就坏在‘太过’‘太多’两点。”信哉！《论语·子罕》：“子绝四：毋意，毋必，毋固，毋我。”《管锥编》第五册第一七〇页引《抱桐读书眼》说曰：“意、必、固、我，常人之情；毋意、必、固、我者，贤人之学；并绝去禁止之迹，自然无此四者，则圣人之不可及也。绝四是绝四毋。”钱锺书尚未臻圣人之境，他的“落索身名”是“贤人之学”。是这样的，为者败之耳[1]！“执着于悟，亦可成迷，胶牵于理，转复作

1 其义蕴于《谈艺录》第二三六页、第二八二页、第二八五页、第三三九页、第四一六至第四一七页、第四五七页、第五〇四页、第五六九至第五七〇页、第五九八页、第六三八页，《管锥编》第六页、第二九至第三〇页、第三三至第三五页、第五〇至第五一页、第二六一页、第三〇一页、第四一〇页、第四一一至第四一四页、第四二二至第四二四页、第四三六页、第四四八页、第四六四页、第四八〇页及其增订、第五〇四页、第五一七页、第六九四页、第八〇七页、第八一七至第八一八页、第九一四至第九一八页、第九三二页、第一一二八页、第一一五五页、第一二四九页、第一二八〇至第一二八二页、第一三七七页、第一三八九页、第一四三〇页、第一四四五页、第一五一三页、（转下页）

障”，“释氏所谓染着也”（《管锥编》第一〇五〇页、第五册第六八页）。钱默存未能得大自在。

“至于为己太甚而克己，视物太重而绝物，端身正愿，安住背念，作青瘀脓烂膀胀骨锁诸观，以息泉塞径，止烟灭火。然病征幻觉，往往因之而起矣。”[1]然而，“诗家之于束缚或限制，不与之抵拄，而能与之游戏，庶造高境”（《谈艺录》第四四〇页），是谓“诪张为幻”。我们看罢。

一九七九年春钱默存新出山小试锋芒后给纪实者夏志清的戒令（见夏志清《钱氏未完稿〈百合心〉遗落何方?》，《明报月刊》一九九九年二月号）：“今以一事陈情，‘Strike, but hear me！’昨得港友寄示扶余报纸，载大作与弟会晤纪事上下篇，奖饰溢量，渲染过甚，读之惭悚无已。凡称赞一人，极口侈说，必有旁人反感疾视——况鄙薄同行诸公

（接上页）第一五一九至第一五二〇页、第一五四二页、第一五四五至第一五四六页、第五册第九七页、第二五九页，《七缀集》第一至第二页、第一四二页，《人·兽·鬼》第四六页、第九七页。

1 《谈艺录》第二八五页。“实知其可欲，动心忍性，适滋抑割、强止之患”；固尔，“欲不可强遏，然亦须尝试自胜”（《管锥编》第三三页、第五册第四一页）。

而突出弟乎！Bismarck常谓：'Jeder Superlativ reizt zum Widerspruch'(Every superlative provokes contradiction)[1]。吾友爱我太过，反成counterproductive，为我树敌矣！况其中不乏干碍触犯，流传俗眼，且借题发挥，有召闹生事之虞。故自今以后，凡弟笔舌，求兄待弟乘化归尽，in 2 or 3 years' times，方布之简编。梨华慧心人，较兄多savoir-faire，必以吾言为当，便中亦乞以此意告之。兄胸怀豪爽，而又善体人情，必不嗤其龌龊拘谨[2]，或拍案大骂弟之不识抬举也。拜恳拜恳！"

1　此类言教必不鲜见。一九八〇年七月与郑朝宗书（见《郑朝宗纪念文集》）："第一节僭加痛删，因称赞太过，必counterproductive，为弟召闹招骂。Bismarck：'Jeder Superlativ reizt zum Widerspruch'；Bacon，'Of Praise'：'Too much magnifying of man or matter doth irritate contradiction，and procure envy and scorn'。二公皆洞明世态，练达人情，其言不可不引为良箴。"

2　一九八一年四月二十一日复李景端书（见《如沐清风·钱锺书杨绛致李景端信件》）："但这种话不能直说，只好迂回出之。真是'笑啼俱不敢，方识做人难'！一笑。我对'权威'没有你那样的勇敢直率，老而世故，思之自惭。"参看巫宁坤《我所认识的钱锺书先生》（上海《文汇读书周报》二〇〇五年七月一日）："我看到一篇国家领导人的发言，觉得文字累赘，很难译成像样的英文，随口大声说：'你拿这种呆板的文章怎么办呢？'钱先生马上把一个手指放在嘴唇上（转下页）

数日后又“躲在外国话里”说真话:“I prefer to live in a sort of obscurity which is not quite oblivion or at most a chiaroscuro state; limelight, which is another name for the spotlight of publicity, can be pitiless.”(弟素喜晦藏，非图湮没无闻，乃求如绘画中明暗对照法，若隐若现。惹人注目，几等公开展览，未免寡味无情尔)这也是钱默存一贯作风。他于移代之际移家京都，接待一记者，事后登时写信叮咛(见黄裳《槐聚词人》，香港《大公报》一九八〇年四月十四日):“如有报道，于弟乞稍留余地，如开会多、学生于文学少兴趣等语请略。兄笔挟风霜，可爱亦复可畏。”钱默存真能蓄备两副哲学，一为索居之适，一供群居之便。公私分明：率性而行，私室里可以畅所欲言；陷文不

(接上页)嘘了一声。当时‘双百方针’甚嚣尘上，我没想到以语多锋利闻名的钱先生竟会如此谨小慎微，心里很不以为然。不过一年多以后，我就以‘言祸’获罪，从此和钱先生一别二十余年。深夜扪心，想当年少不更事，辜负了钱先生爱护我的一番情意。”陆永品《深切缅怀钱锺书先生》(见《一寸千思》):“钱先生曾经关切地对我说:‘永品，你为人耿直，说话要谨慎一些，不要让人抓把柄。’”一言以蔽之，“我们的头发，一根也不要给魔鬼抓住”。(刘再复《钱锺书先生纪事》，上海《东方早报》二〇〇九年十一月十五日)

活，公廷上必须效朕舌之扪。心光自照于闭户独居时，外出则不敢不随俗委蛇。狂而不妨狷，饰伪尚能任真。真俗二谛，权实两行（《管锥编》第四三七页）。

明暗对照法，即以显豁呈露与隐约蔽亏，错综立形，烘托备意。以不画出、不说出示画不出、说不出。因隐示深，由简致远。幽晦隐约则多姿，质直明了则乏趣味。此即心理学中同时反衬现象。眼耳诸识，莫不有是；寂静之幽深者，每得以声音衬托而愈觉其深；语言与静默协力，简短与静默比邻。诗家言作诗当如“光暗相衬”，光影若明若昧，足以添媚增姿。美学家论幽晦能起畏怖，举君主深居九重为证。哲学家谈玄，谓呈露而亦隐匿，乃真理所具之性德。君主御宇，技亦不外乎此。人主“高其位而下其施，藏其形而见其光”，不预几务，若天神然，于日华焕炫中隐形潜迹。兵家则不厌诈，初不废妆神捣鬼以为人定之佐。美人卖弄风骚亦然：幂面之纱使人难窥全貌，遂足添姿增媚，故美人不愿揭示真容——示人以美而不以美尽示于人。皆须留有余地，耐人玩味。情事有不落言诠者，景物有不着痕迹者，只隐约于纸上，俾揣摩于心中。小说有一种“以不了了之”的手法，就是避免顶点，不到情事收场，先把故事结束，戛然而止，却悠然而长，留有生发余地。这就是钱先生擅场的“以文心人心打成一片”[1]。钱默存的“生活艺术”也以“美学原理”为基点或前提，老到得很呐。

人非饮食不生活，语言仅次之。人生大本，语言其一。人乃能言语之动物。默不言非喑不言。真谈说中方能着静默，必言之有物庶能无言。不着一字，尽得风流，不着者，不多着、不更着也。已着诸字，而后不着一字，以默佐言，相反相成，岂不语哑禅哉！缄默正复言语中事，犹画图上之空白、音乐中之静止也（《谈艺录》第四一四页）。钱先生黯淡声名或淡泊名利之“语言”亦当作如是观。

“落索身名免谤增”，当然还含有《谈艺录》所痛言畅论之理（第一七一页及其增订、第五五三页）：“尊之适以贱之，祖之反以祧之，为之转以败之，其毒甚于诋诃也。西方谈艺亦有见于斯。如圣佩韦云：‘天才乃自造子民之君王。弟子法师，往往失中过甚，因巧成拙，而初不自知。其摹拟犹显微镜然，师疵病之隐微

1　此节为《管锥编》第一三八页、第二六四至第二六八页、第三二〇页、第一三五九页、第五册第二三至第二四页、第二七六页，《谈艺录》第一九九页、第五九四页、第六四五页，《七缀集》第五〇页的融会。

不得见者，于弟子笔下遂张大呈露矣’。尼采至云：宗师只有一弟子，而此子将背其师，盖渠亦必自成大宗师也。是故弟子之青出者背其师，而弟子之墨守者累其师。常言弟子于师‘崇拜倾倒’，窃意可作‘拜倒于’与‘拜之倒’两解。弟子倒伏礼拜，一解也；礼拜而致宗师倒仆，二解也。宗师之反倒，每缘门徒之礼拜。……斯亦好为人师之患[1]，至若逢蒙射羿，等诸自郐可矣。”“窃谓末流累及始祖，有二端焉。确出师承，而历久传讹，乖本加厉，如父杀人则子行劫，韩非、李斯之于荀卿是也[2]。初无授受，而私借高名，僭居法嗣，如暴发户、新贵人之攀附强宗华胄，亦犹虎威狐假，五斗米之于五千言是矣。诗文宗派，亦复尔耳。”然而，“非吾徒”的“崇拜倾倒”，景象

1 钱先生与郑朝宗札（见《郑朝宗纪念文集》）：“《谈艺录》第三五九页论时文以四书为名利之具，尊经而反卑之；第五一七页论大师为徒弟拜倒，皆寓微旨。而诸贤过爱，未会吾心，一意效商品之推销，是kill with kindness也。”

2 《管锥编》第五一八页：“庄之引而未发、动而尚几者，列遂扩充至尽，酣放无余。老、庄有列，殆类荀卿之有李斯，苏轼所慨‘父杀人则子必行劫’者欤！”又第一五四〇页：“良以末派失开宗之本真，徒孙为师祖之罪人。”而“末派挦扯晦昧，义山不任其咎，亦如乾隆之乎者也作诗，昌黎不任其咎，所谓学我者病，未可效东坡之论荀卿、李斯也”。（周振甫《钱先生的指导》引）则一事之殊观或一物之两柄也。

便复不同了:“异端之仰止，胜于同道之标榜。‘智者之为道也，广大悉备。为其徒者自尊信之，未足以信于人，惟名儒士夫信而学焉，则其道斯为可信也。智者之道于是愈有光焉。’”[1]这样我们就可以解释钱默存为什么对不怎么读他书的名士好于熟读他的学士[2]。这也是钱先生寅恭晋接乔木等人的一个缘由[3]。《吴诗集

1 《管锥编》第五〇一页。参看第五册第一〇六页:“出家人常势利，实心道场每夸诬，辄附会大哉王言以为法门光宠。”

2 《容安馆日札》第三百五十八则论《法言》固云:“《修身篇》云:‘人有倚孔子之墙，弦郑卫之声，诵韩庄之书，则引诸门乎？曰：在夷貉则引之，倚门墙则麾之。’即孔子于互乡童子则进之、阙党童子则抑之（见《困学纪闻》卷七）之旨。”参看《管锥编》第一一三一页、第一五三九页。

3 杨绛《我们仨》第十五章:“乔木同志问我们房子是否够住。我说:‘始愿不及此。’这就是我们谢他的话了。我们受到庇护，心上感激。但是锺书所能报答的，只不过为他修润几个文字而已。锺书感到惭愧。”利用自家所译《堂吉诃德·献辞》:“我自有伟大的雷莫斯伯爵，他老人家不用给我区区学院头衔或院长职位，也在赡养我，庇护我，给我以始愿不及的恩赐。”尝于万维网偶睹钱锺彭一九九二年十月十二日致钱锺泰手帖:“作为兄长，我对锺书是尊重的；作为学者，他也确实是近百年来少有之通品，堪当立门树宗、兴一家之学的。但对他的口舌轻薄，和有些势利表现（他虽势利但不热衷），则实在有些不敢招惹他。”当然，钱先生自会当胡的敌家撇清他同胡是“来而不往也”（李锐《黎澍十年祭》，《美文》一九九八年十月号），必自信不失“分寸”——“恭维而没有一味拍捧，世故而不是十足势利”。

览》卷十一《梅村》“不好诣人贪客过，惯迟作答爱书来”，钱先生识云：“‘不好诣人憎客过，太忙作答畏书来’，此余六十岁后情事也。《宋书·王微传》报何偃书：‘不好诣人，能忘荣以避权右。’”钱默存何尝能忘荣避权右？《钝翁前后类稿》卷七《纳凉》“就与孙、刘相阔绝，不过令我不三公”，钱先生识：“《三国志·魏书·辛毗传》：刘放、孙资用事，毗不与往来。毗子敞谏曰：‘大人宜小降意。’毗正色曰：‘吾之立身，自有本末。就与刘、孙不平，不过令吾不作三公而已，何危害之有？’《宋书·顾觊之传》：幸臣戴法兴权倾人主，而觊之未尝降意。左光禄大夫蔡兴宗与觊之善，嫌其风节过峻。觊之曰：‘辛毗有云：孙、刘不过使吾不为三公耳。’”述古而借以寓己之意溢乎楮墨。然则钱先生虽阔绝袁水拍而降意乔木，至竟只如王荆公之辞小就大而已。

二一 一束矛盾

“生平无营求，淡嗜欲而勤于所职。暇则读书，虽寝食不辍，怠以枕，餐以饴，讲评孜孜，以摩诸生，穷年累月，不肯自暇逸。而性畏与人接，寡交游。不赴集会，不与宴饮[1]。有知名造访者，亦不答谢，曰：我无暇也！文章只以自娱，而匪以徇声气；学道蕲于自得，而不欲腾口说。不为名士，不赶热客，刚中狭肠，孤行己意，而不喜与人为争议。”《潜庐自传》如是说。除了好学不倦，钱默存好像再没有和生父相同的。

“性畏与人接”？中书君刚上清华念书，就“无

1 十几年后更宣称（《树立师范以安定民生》、《吾人何以为生》）：“每赴一次宴会，如赴一次刑场也。”

事聊短述”:“好友相从新鬼录，先生又有绝交书。人无可访真闲日，寂寂甘同木石居。”“甘”乃是不甘，词正意负，带性负气语也。十年后到蓝田教书，《谈艺录》序云:“比来湘西穷山中，悄焉寡侣”;“涸阴乡里牢愁客”，“偏教囚我万山深”，是彼时《槐聚诗存》的主题。他的《杂书》说得更坦直:“性本爱朋侣，畏热罕诣人。”钱槐聚天性爱交友，却因“畏热”，不常串门。届“京华憔悴”时（《管锥编》第一四一页、第一四二页），“懒从今雨数交游”，以至于退藏于暗壁，“偶闻车马亦惊猜”[1]。“音书人事本萧条，广论何心续孝标”（《槐聚诗存·容安室休沐杂咏》）。虽然，言“何心续”，正恐是有“心续”耳[2]。“盖事理虽达，

---

1 见《一寸千思》首影印手迹。《槐聚诗存》作:“如闻车马亦惊猜，政用此时持事来；争得低头向暗壁，万千呼唤不能回。假日仍有以文字见役者。”“偶”易为“如”，是化实为虚也；“欲”而不“得”，是非全听诸天也。乃假王安石《偶书》成句:“我亦暮年专一壑，每逢车马便惊猜。”（《谈艺录》第八二页“每逢”作“偶闻”）钱先生常用，如（乔象锺《追忆钱锺书先生》，见《文化昆仑》；专字误为面字）:“我已入蛰而仍须出门见客，王介甫诗云:‘我亦暮年专一壑，每闻车马便惊猜。’”

2 《管锥编》论《运命论》:“‘俯仰尊贵之颜，逶迤势利之间，意无是非，赞之如流，言无可否，应之如响。’按此等语直可入刘峻《广绝交论》。”正是“续孝标”也。

而情气难平”（《管锥编》第一四四页）。

不用说，钱默存的“隐”是“由重生故”，绝非“纯盗虚声”作终南捷径者。生“性”与后“畏”扞格，钱先生只有拂逆本性，“耐可避人行别径”，“畏事欲作龟头缩，得缩头时且缩头”（《谈艺录》第四九一页）。“老钱这人最可爱处是在他的本色，而且他从来不大肯委屈自己而隐藏那点本色”；中书君少年最喜爱“本色”[1]。然而，在他“不图文网语阱深密乃尔”的时候（《管锥编》第八七九页、第九七二页），不再有什么“从来”这个表示最天真的心理状态的词，得说“肯委屈自己而隐藏那点本色”了。“敛退就新懦，趋营悼前猛”，非复狂奴故态。世故澒洞，人生艰窘，“本色”难保，有如雪之“伪洁”尔（《管锥编》第一二九六页）。钱默存息躁忍事，矜气好胜之心收起，坚壁勿与战。“隐藏”到哪儿去？《管锥编》。“垂空文以自见”。《管锥编》实在就是《中书君书》，究天人之故，通古今之变（《管锥编》第一八五页），成一家

1　前引顾宪良文：“他最愿意读本色的书，他也愿意写本色的文字；他自己喜欢本色，他也求人本色；独特的人，独特的文字，独特的风格，独特的大小玩意儿，他都极喜欢，心里喜欢不算，不知不觉赞美。”

之言。或简言以达旨，或隐义以藏用，虽轻采毛发，实深极骨髓。钻坚求通，钩深取极，所以章往考来也。然而，形固可使若槁木，心固可使若死灰乎？漠然中无所感，寂然中无所为，强迫活泼刺之身心使如死灰槁木，“槁木寒岩万念灰”，谈何容易——“人定难胜天性”（《管锥编》第一三七七页）。“悲哀充尽而渐杀，苦痛积久而相习，或刻意缮性，观空作达，排遣譬解，冀能身如木槁、心似石顽。”（《管锥编》第八八四页）钱先生真不容易。

有桩小事使人大悟——“论小艺而可通于大道也”。夏志清《重会钱锺书纪实》写他午间突然打电话给钱先生，钱先生正在睡午觉，接话匆遽间露出了浓重的无锡乡音；夏志清感叹“更使我觉得他可亲”。这很有意思，不由人不想起《管锥编》的释梦：“梦者，人智所现，醒时所制，如既络之马，卧则逸去……醒时所能遏止之邪念于睡梦中沓来纷现。搜神志怪，每言物之成精变人形者，眠时醉候，辄露本相。妖寐而现原形，犹人之醉后吐真言、梦中现隐衷尔。欲烛知心境，必蹈勘梦区。”钱默存于梦境中被拉回世间，迷离中还没来得及戴上“马络”，使用社交或标准的“普通话”或“官话”，现露出本相原形。“吾人于睡梦中不为伪君子”，清醒时则必须律己克欲，不敢怠慢那终身致力制造和维修自己的公开形象。此亦《化书》所谓“言语可文而声音不可文”（《管锥编》第六二页）也。

柳毅满面善相，不能慑服水怪，洞庭君就给他一副鬼脸，白天戴上，夜里摘下，久而久之，柳毅习惯于戴假面具，晚上也忘了解下，“遂与面合为一”。钱先生总结道（《管锥编》第八〇七页）：“寓言而亦微言，可以移疏《荀子·性恶》篇所谓‘积伪’‘化性起伪’。面具称‘代面’，亦称‘假面’，本为掩饰之具，以免真相真情为人知见；既久假不归，则可取而代，借面长戴，渐夺本相，即习惯成自然，弄假变为真，故曰：‘长此作伪者初伪而终失其伪。’或曰：‘真善每托始于伪善。’”“经过九蒸九焙的改造”，钱默存砻除天生棱角，矜持尽化，形迹俱融。他当然不爱“借面长戴”；所以，一待机缘熟（《管锥编》第一六八页），就摆脱羁束，出门遨游，放肆淘气。“一事能狂便少年”，倘狂态尚犹存，则少年未渠一去不回也。（《谈艺录》第三五二页）钱先生任运随遇，《管锥编》问世后，时发少年狂，在作品里依然保存那股辣性和火劲。

“寡交游”，钱默存也爱这么说。相对于名声，他的交游不能说广，但也不能算寡。“本寡交游，而牵率酬应，仍所不免”(《槐聚诗存序》)，是的，“像我这样有声望的人，不会没有应酬”；而正是这“仍不免”的官私酬应，“强将笑语供主人”(《容安馆日札》第三百六十九则、第七百九十则)，害得咱们这些爱读钱著的人恨恨不已[1]。

一九八〇年六月钱先生对朋友说(见前引张隆溪文)：“宿愿中之著作，十未成一。”“按照钱先生的设想，《管锥编》的论述范围原本是从先秦到

1 钱老泉一九五五年五月二十六日复卢弼笺：“书儿从前粗解读书，而今为时代所迫，案头稿件山积，不得不遵令审阅。去冬准假来省病，留三日，匆匆而去。见告苦不得读书。”槐聚居士一九五五年七月十六日复卢弼札亦云：“心计已粗，兴会都尽。自朝达暮，曰学习，曰开会，曰赶任务。”“误落世网中人，安得不自哀时命乎”(《容安馆日札》第二百八则)。白克明《评论钱锺书一甲子》(载《钱锺书评论》卷一)：“窃谓默存老受官家之知遇，与胡乔木同志相结纳，就《管锥编》续辑及其西文外篇的惟象无形而论，亦一生之不幸多事也，尤堪为我们整个人类的智慧、思想、人文学术喊冤叫屈。文学侍从，稽古有荣；望中书君绝意仕进，高蹈肥遁，终身为识字田夫，安聚于槐，默默而存，自属不情。”

晚清”[1]。钱先生本钱山藏海涵，但只开出空头支票，《管锥编》续辑及其西文“外篇”最终没写成[2]，为什么？当然不是才退意倦写不出，亦非卖关子有意不写出，主要是《管锥编》业已绝世无，没有“修名之不立”而“与粪土同捐”的恐惧（《管锥编》第五八六页、第一二三七页）；钱默存名满天下了，没必要卖命去锦上添花[3]，不用费力在小数点后多除几位。“建树功名，从事著作，皆困穷之所激发”；“好事竟成，则如鸣禽已营巢，不复娇啼恰恰矣”。正所谓“生于忧

---

1 邢宇皓《钱锺书给中国知识界留下了什么》（北京《光明日报》一九九九年一月十五日）记张炯语。验之《管锥编》的蓝本《容安馆日札》，信然。

2 一九八一年钱先生说《管锥编》续辑还得写二十万字（彦火《钱锺书访问记》，香港《明报》一九八二年六月二十四日）；一九八〇年钱先生“正在集中进行修订”“外篇”（马蓉《初读管锥编》，北京《读书》一九八〇年三月号）。

3 《管锥编》第一三九四页，《围城》第二三二页。参看《管锥编》第一二一五页陆云语：“文章实自不当多。兄文章已显一世，亦不足复多自困苦。”“钱先生说为写一本书赔上一条命不值”（吴泰昌《追忆钱锺书先生》，香港《明报月刊》一九九九年二月号）。“学问足以伤生，不下酒色，幸勿河汉鄙言”；“劬学伤身，不亚酒色。著述之事，不妨少辽缓之。君年事尚富，非弟衰朽剩长之比，姑徐徐云尔。弟自揣臣精销亡，《管锥编》已绝笔洗手，不赓续矣”。（钱先生复锺叔河书，见王建辉《名流随笔·文人学者的字》及万维网）

患，死于安乐”[1]。所以他乐得逍遥，把不少日力精力抛洒在谈话写信上，便易地表演才情学识，积德结缘，来博取赢得今生来世的令闻广誉。一个满腹经纶、能写会道而又精力旺盛、表演欲强烈的性情中人，如何能耐得住荒江老屋闭门不闻窗外事的孤寂呢？胡明《迟到的纪念》（北京《光明日报》一九九九年八月二十七日）：“从八十年代初到九十年代初，我很幸运，不但走近过钱先生，而且与钱先生在极近的心理距离上作过多次长谈，动辄几个小时，更幸运的是这种长谈又往往有杨季康先生一同参加。那一段时间正是钱先生夫妇住在南沙沟六号楼深居简出的晚年。虽然深居简出，但他们对中国学术界与我们两个文学所的事却知道得很多[2]。在我印象中，他们

1 《管锥编》第三一五页、第二一七至第二一九页、第九三六至第九三八页及其增订、第五册第五三页。《写在人生边上》：“人类所有的创造和活动（包括写文章在内），不仅表示头脑的充实，并且证明肠胃的空虚。饱满的肚子最没用，那时候的头脑迷迷糊糊，只配做痴梦。”亦此意。

2 “钱先生虽然身在书斋，却能眼观六路、耳听八方”（《王水照教授追忆恩师钱锺书先生》，上海《申江服务导报》一九九八年十二月二十三日）；“我们常大为惊讶：钱先生何以如此消息灵通？每当我们如此提问时，钱先生就会得意地说：‘我是秀才不出门，能知天下事。’”（前引刘士杰文）

也很希望有信得过、谈得来的同事和朋友来聊聊天。我的拜访他们很欢迎。我们不谈学术问题，更不提典籍文献，我们谈得最多的是人物，人物当然不是陶谢韩柳、李杜苏黄，而往往是何其芳、俞平伯、余冠英、吴世昌等，有时也谈钱仲联、程千帆[1]；外文一摊的则是戈宝权、卞之琳、罗大冈，也偶尔谈及冯至、穆旦；杨先生谈得更多的是陈衡哲、苏雪林、凌叔华、陆小曼、林徽因等。”朱圣弢《钱锺书逃避诱惑》:“我去看望他们，每次都谈到夜幕降临，房间里很暗了。其实他很愿意与人交流，甚至渴望沟通，只是不喜欢应酬，更确切地说是不喜欢那种

1　夏承焘《天风阁词学日记》一九六五年一月三日:“访钱默存。默存于所中人多议论。”《王伯祥日记》一九六五年二月十三日:“与默存偕行，且行且谈，颇闻晓铃行径及其他所中杂事。”梁羽生《笔不花·饶宗颐初会钱锺书》:“一九八一年八月，饶宗颐特地去拜访钱锺书。据饶宗颐说，钱锺书非常健谈，一见面就滔滔不绝地谈论当代治文史各家的得失。月旦同行本是一种禁忌，对学术界的名人尤其如此。但钱锺书就是钱锺书，他是不讲这套世故的，可以见到钱氏的学者本色。”刘再复《钱锺书先生纪事》:“钱先生审定我们邀请的二十位外国学者的名单，在每个人的名字下都写一两句很有趣的评语，例如‘此人汉语讲得不错，但很会钻营，有人称他为尖尖钻’。对于海外汉学家，钱先生多数看不上，评语都不太好。副所长马良春拿着名单和评语，惊讶不已。”

功利的带着目的的应酬。”

“不赴集会，不与宴饮”也不是钱锺书的“不”。等看到精博的钱默存先生年谱——钱先生的日记记酒食征逐[1]，大家就会了然。上引胡明文章还有一大有意趣的故事：“江绍原遗体告别那天，人去了不少，我刚走进那个简陋又拥挤的等候厅，就听到有人在呼叫我的名字：‘胡明，胡明，到这边来！’我抬眼望去，在等候厅的一个隅角里，一张破旧的乒乓台边的长条凳上坐着杨季康先生，钱先生站在那里不停向我招手。人群一堆一堆在聊天等候，居然没有一个人认识，更没有一个人照应钱先生夫妇，他俩孤单地局缩在那个隅角里。我赶紧挤过去与他们握手，钱先生脸上露出的喜悦近乎天真，激动地说：‘你也来了，太好了！’于是我们坐下来边说话边等候。那次的谈话内容（他还委托我传话给许觉民所长，下达好几条指示）至今清晰可忆，但是那天钱先生头里的委屈和后来的兴致更给我留下深刻的印象。就是‘神’，有时也怕寂寞，也怕孤单，也怕意

1 《湘日乘》一九三九年十二月二十六日：“赴张振镛等之招，馔丰人杂，被酒后丑态百出。予所到处，无如此地之饮食若流者。”

料不到的‘冷落’。钱先生招呼我时的那份天真与激动，我终身难忘。”不知怎的，我的感觉一下子直达《管锥编》论《神仙传·白石先生》：“密尔敦写天堂诸众闻有携人间消息至者，奔赴问讯，星流云集。桃源中人闻武陵渔夫来，无如许急遽，则上界日月之难于消磨，天神之静极思动，闲极生忙，皆可文外得之。”还有《谈交友》：“泰勒说，读了但丁《神曲·天堂篇》，有一个印象，觉得天堂里空气沉闷，诸仙列圣只希望下界来个陌生人谈话消遣。”钱副院长于此地在此时向此人发号施令，殆激于遭冷落以求补偿乎？国务院公寓不是天堂，钱锺书先生不是神仙，赴集会自不可免。可不知底细的人上了有夸张癖的人制造出来的“文辞幻象”的印刷品的当，总以为钱先生镇日闭户一心只读圣贤书。当然，钱默存不是社会活动家，相较于唛名客、卖声儿，是逃避了很多“集会宴饮”。一九八九年复钱锺韩书（同前引《不一样的记忆》）：“兄畏开会如顽童之怕上学，最近中央讨论教育改革方案，亦召与闻，兄亦逃学；长此以往，终非善策，殆将学新丰折臂翁乎[1]！”此刻

1 《管锥编》第二三八页及其增订：“雄鸡自断其尾，（转下页）

钱锺书方升任中国人民政治协商会议第八届全国委员会常务委员，“前触铁牙，后蹶强弩”（《管锥编》第五七四页），当恁么时如何？钱先生以嘲诙之语道窘急之境，言外亦有骄矜自在之意在[1]。

“不喜与人为争议”，钱默存也不然，他天生爱臧否人物，少年就以批评名世，评论本来就是与人争议嘛，胡志德《钱锺书》即说钱有招惹是非的风格。同窗好友回忆道（见前引常风文）：“哲学系给高年级学生开讨论会，每次开会冯友兰院长都派秘书李先生来请锺书参加，每次锺书回来后都十分得意，因为他总是舌战九儒，每战必胜……经常能听到他与同宿舍的老乡吵嘴。他吵完后又嘻嘻哈哈的，这位同学很宽容，并不跟他翻脸[2]。”

（接上页）自惮其牺也；狨甚爱其尾，中矢毒即自啮其尾以掷之，恶其为深患也。凡物惮为世用者，其虑皆知出此，然不若雄鸡先患而预图之。此鸡殆禽中之新丰折臂翁哉！”钱用“新丰折臂翁”之喻尚有一边：“犹捶折臂之新丰翁、偏枯臂之杜陵老，尚不办左右手矛盾自攻也。”（《管锥编》第一七二页）

1 潘兆平《真切的思念》（载《钱锺书先生百年纪念文集》）：“后来当了全国政协常委，钱伯伯曾自我调侃说：‘常委常委，常常勿开会。’沪语‘委’‘会’几近同音。”

2 参看杨绛《怀念石华父》：“陈麟瑞曾笑呵呵指着默存对我说：‘他就是打我踢我，我也不会生他的气。’”

复举一刺眼的例。钱默存非常自爱（《谈教训》），尤其厌恶人借他的光出名和赚钱，世人皆知的例是他对《围城之后》这个《围城》续书的控诉。据张秀平《〈围城之后〉起纠纷》（北京《新闻出版报》一九九二年十二月二十六日），钱先生得知《围城之后》，亲笔致函版权机构："春风文艺出版社出版《〈围城〉以后》一书，充作我的《围城》的'续集'，以我的原书中人物任意歪曲搬弄。此事发生于我原书作者健在的时候，又未征求我的允许，对我的名誉和著作权都是严重的侵犯。特委托中华版权代理总公司全权与该出版社交涉办理。"主事官员接信后上门听取钱先生意见。钱先生说："作品中的角色应归作者调遣，不应归别人调动。这是作者的一种精神权力……续集在征订时，不署续者姓名，而只打我的旗号，成书封面，竟不写续者姓名，而把续者以小字印在书脊上。书摊上的招贴，更直书'大文豪钱锺书的续篇'[1]……此书借用原作者声誉，借用了原

1 钱默存一九九二年八月十三日致黄伊简："社科院附近书摊出售《钱锺书人生妙语》十元一册，此前日事。"按夫彼小册子原价才二元九角五分，如此哄抬物价，说来恐君不信。社科院附近书摊主人当知书名主人是社科院要人。纪红《夜访钱锺书先生》（北京《人民政协报》（转下页）

作品创作的人物、人物关系、故事情节，有意给人造成错觉，使人误以为是原作者作品。没有经过原作者授权，并因此获得利益，是严重的侵权行为。”而一九九三年一月九日的《人民政协报》更以头版头条通栏黑体大字标题“钱锺书不再沉默”，并配发主人公气概飞扬的大幅照片，更有纪红《夜访钱锺书先生》[1]：“代表国家版权局的中华版权代理总公司解释说，由于制定我国的版权法时没有考虑到这类事情，故依照目前的法律不能说《围城之后》侵犯了著作权，但无疑是法规不健全造成的事实，对原作者造成了名誉上的伤害……钱先生说，法律应该是公正而周到的，但不应该忘记高于法律的还有道德准则。”一向“最甘寂寞的”钱默存为什么“不再沉默”？因为《光明日报》转发了一篇《围城有续书，钱老食不宁》[2]——

（接上页）一九九三年一月九日）云：“去年中国社科院科研局主动出面，为钱先生打赢了一场小小的版权官司。钱先生说，这场官司只是表明他要用实际行动维护著作权法。”“小小的”就是《钱锺书人生妙语》。既然是“科研局主动出面”，那钱先生是被动赏脸，似乎不宜出头居功。矛盾。

1 钱先生爱笑话流辈夜行不止（汤晏《民国第一才子钱锺书》第十四章、汪荣祖《槐聚心史》第六章引），自己宁作坐山虎，安居不动，倒开门欢迎记者半夜暗临。

2 《钱锺书杨绛与光明日报》（北京《光明日报》（转下页）

"我怎么能为这点小事'寝食难安，致函新闻界及其他有关方面，希望找到可以诉之法律的有关条文'呢?"气愤之下，照顾不周，钱默存显然一时不记得他的"譬如欲攀登天山绝顶者，一路上所经过小旅店中伙食不洁、被褥有脏、服务犷诈等等，皆不屑计较，误我大事，反增其声价。于时人毁誉亦同样看待"的箴言[1]。"且不特著述为尔，即议论亦往往一人之说，是丹非素，时无先后，而判若冰炭"；"触事感怀，乍彼乍此，亦彼亦此，浑置矛盾于不顾，又人之常情恒态耳"。(《谈艺录》第三〇二页，《管锥编》第三〇三页)是也。喧嚣过后，他沉静下来[2]，却对人说(见臧克和《问学琐记》，载《记钱锺书先生》)："拙著续编事，弟置之一笑。而中华版权代理公司仗义交涉，春风

(接上页)一九九九年七月十八日)的作者单三娅似乎不记得这码事，更不记得《光明日报》在"一个可怕的黑太阳耀射"下一整版地海骂《宋诗选注》。

1 见前引敏泽文。参看《三国志·蜀书·秦宓传》："故贪寻常之高而忽万仞之嵩，乐面前之饰而忘天下之誉，斯诚往古之所重慎也。"《宋诗选注·徐玑》篇引朱熹语："譬如泰山之高，它不敢登，见个小土堆子，便上去，只是小。"

2 "其理即休谟论情感所谓两情相反而互转；或心理学所谓'疲乏律'(Law of fatigue)：情感之持续每即促其消失转变，故乐极悲来，怒极悔生。"——《管锥编》第二〇四页。

文艺出版社来函认罪赔礼。报载皆捕风捉影，记者无事造谣之惯技。浮名害我，不得清净！”洵判若冰炭！[1]有人注意到，上海《文汇读书周报》一九九二年十月三日发表“经钱锺书先生过目”的薛鸿时笑骂《围城之后》的长篇文章，还搭配个陈诏短文《大不了一本书》，编者按说：“我们真诚地希望社会各界人士能来函来电坦陈自己的看法，以使我们讨论能尽可能反映公众的见解、反映读书界的一点心声。”“反映”“公众的见解心声”，那是理想的豪举盛事，绝非这张海上小报所能担当得起，“真诚”即虚伪之别名，所以自不会再有下文。它的纸背新闻，我们想象得出。

几乎与此同时，钱锺书又与《围城汇校本》打官司。钱先生一收到那书，就给黄伊写信“特此奉告”[2]，“此非为争几张钞票，乃维持法律之严、道德

---

1 钱先生一九九〇年五月六日与郑朝宗书亦然：“《围城》电视事，弟拒京沪等五处之求，而沪强聒不舍，历时四载，竟‘先斩后奏’。主者有一报导见上月《文汇增刊》及《人民日报》海外版。弟如美女充倡，身不由己。哀哉！”

2 “我不是告状。现在著作权法已经公布，我也是用实际行动支持出版法。”——黄伊《钱锺书的烦恼》（《郑州晚报》一九九一年八月五日）引钱先生语。

之正也！”钱默存晚年的嗓子提高了，似乎动了真气，不比早年带说带笑的。老年人了，肝火要旺的[1]。西历一九九六年圣诞日，“等待了五年的判决”总算到来（庄建《围城汇校本纠纷案始末》，北京《中华读书报》一九九七年一月十五日），不意“迟至最近才获执行”（陆文虎《至精至深至纯至正》，上海《文汇报》一九九八年十二月二十九日）[2]，而此时的钱锺书先生呢，唉。

非迹无以显本，举迹则不待道本，示果则无须说因，犹叶落而可知风，烟生而可知火。我恪遵实行钱先生的方法（《管锥编》第三四三页、第四二一页、第九七二页、第一〇三九页）。

---

1 “拙作盗版事，亦添纠缠。佛经教人学龟之藏六，便得安全。然如猪八戒所谓‘老猪学得乌龟法，得缩头时且缩头’，殊不易耳。”——汗荣祖《槐聚心史》第六章引钱先生手札。钱先生一九五九年二月十七日复龙榆生书（见张瑞田《龙榆生藏文化名人手札摭谈》，北京《中国文化报》二〇一七年三月十九日）：“古语云能忍自安，晚生平服此药，颇得其效。”奈药效此时不灵何。

2 汤晏《民国第一才子钱锺书》第十四章引杨绛二〇〇一年三月二十二日函：“赢了官司，但执行不力，未见公开道歉。”北京《光明日报》一九九八年十一月六日广告栏有四川文艺出版社、胥智芬的“致歉信”：“我们谨向钱锺书先生以及人民文学出版社致以诚挚的歉意。”这“致歉信”不像从前的道歉广告要经杨绛改写，所以杨绛未之见。

二 渊默而雷声

年近五十，钱潜夫作了篇《自传》，高自标置，还要自称“不敢以饰也”。年过六十，钱潜庐编了本《家谱》，夸述祖德，还要自许“稽史以求传信”。《围城》第四章：“有领袖欲的人，不论是文武官商，全流露‘语文狂’这种病态。”而钱子泉“经文纬武”，“语文狂”是没跑的了。“语文狂”发作使他写自传、写年谱、写日记。钱默存虽然当上了最高学术机构的首脑，“领袖欲”似乎不很强[1]，自

1 唐湜《遥悼钱锺书先生》（广州《随笔》一九九九年三月号）：“十多年前，钱先生在上海暨南的高足吴全韬说被人歧视，想评个副教授，我劝他好好写几篇评论，寄给钱先生评评，有他这最权威的社科院副院长一评定，副教授不成问题。果然他写了一篇论文，钱先生写上好评语，在自己的名字前加上了‘中国社会科学院副院长’的衔印。吴全韬（转下页）

许“但开风气不为师”[1]，但患没患上“语文狂”症象却不好遽下定论。“语言文字为人生日用之所必需”，“词章之士以语文为专门本分，托命安身”，文人嘛，就是以文字为职业的人；“世之诗人文人虚诞诬妄[2]，先天生性，后天结习，自古已然，至今未

（接上页）这就一鸣惊人，评上了副教授。”而按吴全韬《钱锺书老师》（杭州《古今谈》二〇〇六年四月号）：“一九八三年我寄钱师三篇论文，请他挑出两篇较好的论文送审。谁知他却寄回来一张他的带职务签名的鉴定书。这倒使我为难，因为校方早已通知我不得请私人评审。”胡明《迟到的纪念》：“所里围绕我的文章发生了很大的争论……钱先生在家里不知怎么也很快读了这篇文章，他明确表示欣赏，并传话给当时所里主要领导：‘我好多年没有读到过这样痛快淋漓的文章了，请转达给胡明同志我的这个意见。’”钱先生老爱说自己当官是“尸位素餐”，未必然。这里所记二则“领袖”举动，可供推类想象。参看一九八三年十一月二十二日复宋淇书（宋以朗《我的父亲宋淇与钱锺书》引）：“弟去夏挂名副院长后，不相识人来函求推荐、作序、题词之类，日必五六，虽多搁置不理，而中有年老境困、其情可悯者，不得不稍效棉薄，并作复书。”

1 “以龚定厂句标目，尤为知己之谈”（与郑朝宗书，见《郑朝宗纪念文集》）；“端赖贤者于义则引而申之，于例则推而益之，所谓‘但开风气不为师’”（见臧克和《问学琐记》）。

2 复陈诏书（见陈诏《钱锺书先生谈他的诗》，上海《书城杂志》一九九六年九月号）：“《出峡诗画册》即出贵同宗手笔，拙诗就事铺张，谓陆放翁入蜀有诗，而贵同宗兼能作画，棋高一着。此乃应酬之作，不免过誉，恰如贵同行采访名流，报道盛况，纪念大人物等，浮夸‘超现实’，亦为（转下页）

改”（见傅璇琮《记钱锺书先生的几封信》，北京《人民政协报》一九九七年十二月二十九日），不写自传、写日记似乎做不到。

日记钱先生是有的。十六岁作的《进化蠡见》所言“择记中最有系统之一篇”的“记”该是日记——“详燕处道俗之私，兼提要钩玄之著，本子夏日知之谊，比古史起居之注”（《复堂日记续录序》）。八年后的《中书君诗·北游纪事诗》有个题注：“原廿二首，今录廿一首。本载日记中，故略采本事作注，以资索隐。”钱子泉《读清人集别录》：“儿子锺书能承余学，尤喜搜罗明清两朝人集，以章氏文史之义，抉前贤著述之隐，发凡起例，得未曾有。每叹世有知言，异日得余父子日记，取其中之有系集部者，董理为篇，乃知余父子集部之学，当继嘉定钱氏之史学以后先照映，非夸语也。”不幸得很，斯世非我世，此日知何日，四忍先生的日记给女婿当

（接上页）成规惯例。”《管锥编》第一三八四页：“谀墓例惯诳谄”。《谈艺录》第二六八页：“夸者必诳，所以自伐也；谄者亦必诳，所以阿人也；夸者亦必谄，己所欲而以施诸人也。争名于朝，充隐于市者，铸鼎难穷其类，画图莫尽其变，然伎俩不外乎是。子才妆点山林，逢迎冠盖；其为人也，兼夸与谄，则其为书也，不尽不实，复奚足怪！”

柴烧，黑犬才子的日记不是为自我毁弃，就是给夫人销匿[1]。

自传呢？人们只常常看到钱先生一个劲儿地非议嘲毁自传——连他生父的亦未能豁免[2]："借立言为立德，托垂诫以垂名。""要弟写回忆录，弟敬谢不敏；正因弟虽粗解把笔，而无诗人文人自欺欺人之本领，不宜写自传。"（见前引傅璇琮文）可是，文字这个东西本身就是文饰的工具，"语言文字有这种社会功能，我们常把说话代替行动，捏造事实，乔装改

1 钱先生日记记心得和人事，题名有"日录""起居注""旅滇日乘""湘日乘""四馀室日乘""且住楼日乘""偏远庐日乘""燕巢日记""秽乘"等。一九五二年将"日乘"记人事者剪毁。"起居注"十七册一九八一年尚存于故乡，旋为物主领回，"处理掉了"。零星残存者辑入《钱锺书手稿集·中文笔记》。《我们仨》《听杨绛谈往事》所引录者，不知今安在。"杨绛还毁弃了绝大部分日记和书信，因为其中难免涉及自己和他人的隐私，不想被小人利用来拨弄是非"（《杨绛：永远的女先生》中周国平、吴学昭文），钱先生日记恐难逃劫。

2 "有二三分像他父亲"的方老太爷固无论矣。在审阅陈其昌《钱基博先生传略》时（《无锡文史资料》第九辑），钱锺书先取其"用心甚厚，用意甚佳"，再改正了"有些似仅凭传闻的重要事实"；"关于评价部分，我没有表示意见；但我认为这是一份'资料'，不是文艺性的'传记'，他人标榜和自我夸说最好引得精些简些，除非作者借此表达自己的客观判断"。这其实是钱锺书对旁人记叙他自己的基本准绳：作者不能别有用心，不能歪曲事实，不能过分吹捧。

扮思想和情感”(《七缀集》第一三〇页)。“文人之言少实而多虚”，文人而不文饰，犹妓女鹑衣百结而欲人光顾，或欲飞而自剪翼。钱先生不云乎(《谈艺录》第一六〇页、第三六四页):“夫虚说游词，如《史通·曲笔》、《书事》两篇所纠者，固无论矣。即志存良直，言有征信，而措辞下笔，或轻或重之间，每事迹未讹，而隐几微动，已渗漏走作，弥近似而大失真……史传记言乃至记事，每取陈编而渲染增损之，犹词章家伎俩，特较有裁制耳。”钱默存毕竟是词章家，以读书写字为生；试想在文字里讨生活而文字不夹带“自传”，那不等于“女主角自称虽然与男主角多年一起漫游，依然是个黄花闺女”吗?(《七缀集》第一八二页)杨绛《记钱锺书与围城》不就是“口述自传”吗[1]——“收藏了十五年的附识”不云乎：“这篇文章的内容，不但是实情，而且是‘秘闻’。

1 没领营业执照的书商编印了钱先生四部白话著作，取名“钱锺书作品集”，卷首是署名杨绛的《钱锺书自传》(选自《记钱锺书与围城》)；打眼一看，颇觉荒唐，扪心一问：杨所记不大多自命出诸钱自叙(《管锥编》第三五八页)吗?杨绛不是代表钱锺书吗?直所谓“歪打正着”“诞而有理”也。后来杨绛也认了(《杨绛文集自序》):“我又曾记过钱锺书的往事，但不是我的回忆而是他本人的回忆。”

要不是作者一点一滴地向我询问，而且勤快地写下来，有好些事迹我自己也快忘记了。”钱先生的“自传”，就是他自己所讲究的“破体”的“自传”，“不作传体”的“自传”（《管锥编》第八八八至第八九一页、第五册第一六〇页）。他的小说，他的诗歌，他的文评，他的日札，东鳞西爪，随处潜伏隐藏着“自传”，他的繁重的书信更是“自传”的“象”，只待我们略加“形象化”（《管锥编》第六一二页），便可得一部绝佳的“钱锺书自传”。

北京语言学院所编《中国文学家辞典》现代第二分册刊行于一九七九年五月，中有“钱锺书”条，尝意度为钱先生自撰，比阅武柏索《钱锺书拒绝“著名”》（北京《人民日报》海外版二〇〇〇年八月二十九日），方知不尽然。一九七九年三月十一日，武柏索为写钱锺书小传上钱先生家——“我先送他一本辞典现代第一分册，转达了几位欧洲汉学界朋友对他的问候。他告诉我，头年九月他应汉学家兰乔蒂教授的邀请，去意大利参加欧洲汉学会，而且游览了威尼斯，随即起身从里屋取出一本意大利新出的教育学专业辞典，并且写上‘柏索同志存之/钱锺书赠/一九七九年三月十一日’，递给了我。本来我是带着极为单一和明确的任务去的，按惯例应该直奔主题。然而这一次却例外，僵硬的答问被亲切而随意的叙谈代替。他向我介绍和品评了古今中外不少名家名作。告别时，先生叮嘱我：‘写成后，一定让我看一看。’又随口道出一句意大利成语‘volere è potere’（有志者事竟成），表示对我的鼓励。回校后，我便开始了搜集资料和编写的艰难工作。经过一番钩沉集纳、反复修改，终于拟成一篇千余字的小稿，寄给先生。他阅过我的底稿，迅速寄还，而且托人带来口信，要我和他电话联系。他在电话中说，必须以他亲笔更改过的为定稿，不容再改，否则，不入辞典。他的语气那样坚决，不留一点回旋余地，令我顿时语塞。展读他的改稿，十分醒目的删削有三处，我最不敢苟同的是他删去了‘著名学者’的‘著名’二字。我也来了点固执己见，擅自保留下来。《中国文学家辞典》现代第二分册印成后，当即寄奉钱先生一册，一九八二年四川人民出版社正式出版，幸好先生从未对我深加追究。”然而，一年后，在日本京都大学人文科学研究所的一个恳谈会上，钱锺书却声言（见杨昆岗据录音整理的《钱锺书先生谈文学》,《香港文学》一九八五年十月号):“他们写给我们的信，我们全没有复。派了人到家里来看我们，我们也是表示不合作。后来，他们从作家协会存的我们会员的小传上面弄了一点点上去。”武文只道及钱先生所删，而未提到钱先生所改所添。词条十九开履历列书目，而谦克的表述，如“他尝试用比较文学、心理学、单位观念史学、风格学、哲理意义学等学科的方法来理解文学作品”，哪像是第三者口吻？显然照录于作家协会会员自传[1]。“对哲学和文化人类学保持浓厚的兴趣”一九八二年版改为“并对哲学和文化人类学均有研究”，两相映照，尤足以发。孰知“单

---

1 一九四八年钱先生为中华全国文艺界协会作自传:“钱锺书(C. S. Ch'ien)。一九一〇年十一月生。江苏无锡人。清华大学，牛津大学，巴黎大学攻文学。重要著作：牛津毕业论文：*China in the English Literature of the 17th and 18th Century*(一九三七);《写在人生边上》*On the Margin of Life*(一九四一)(散文);《人兽鬼》*Men, Beasts and Ghosts*(一九四六)(短篇小说);《围城》*The Besieged City*(一九四七)(长篇小说);《谈艺录》*Studies in Old Chinese Poetry and Poetic*(在印刷中)(批评及考订); *Philobiblon, A Quarterly Review of Chinese Publications*总编辑(自一九四六年起);《槐聚庑诗存》*Poems*(第一辑于一九三六出版)。”

位观念史学”“哲理意义学”？得不谓为“第一手材料”耶[1]？

《灵感》说那个有塞天破震耳聋大名的“作者”因写自传而导致陨灭——“自杀地写自传”，钱先生记牢那个教训。可是，“作者”“口述一篇采访自己的谈话记，送去发表；报上关于他的消息照例是他本人送去的”[2]，照我观察考证，钱默存似乎有同样的脾气[3]，亦不禁躬自蹈之，自我宣传，好多报上关于他的消息虽然不是他本人送去的，但是他本人传出去的。钱子泉《谕儿锺书札两通》:“得高昌运兄并汝航空快信，悉温源宁师招汝入城，欲介绍往伦敦

1 参看荣耀祥《我组到了钱锺书的稿子》(北京《瞭望》周刊一九九九年二月第五期)引钱先生复信:“来函敬悉。我们对国内外名人传记请求供给材料，一概敬谢，偶有关于我们的条目，都出于他们自编，未便为你破例。遵命将来槁删补一下奉还。”

2 按《谈艺录》第二四一页:“望溪竟集评语溢美护短——什九自撰，而嫁名他氏。”又第二二〇页:“《世说·文学》篇注引《左思别传》，谓《三都赋》注皆左思自为，欲垂其文，故假时人名姓也。”

3 是的，“学者如醉人，视文章如罪犯直认之招状，以其为实言身世，乃一己之本行集经……赏析者亦须稍留地步与才若想象力耳。‘知识必自经验始，而不尽自经验出。’”——《管锥编》第一三九〇页。

大学东方语文学院教中国语文。然儿勿太自喜。”常风《和钱锺书同学的日子》:“我们四[三]年级时传说钱锺书受英国伦敦大学东方学院之聘教中文，锺书曾经把他们无锡县里的一张登载他消息的小报给我看[1]。他没说什么，我也没问。”有一个最刺眼的铁证。钱先生访美后作了一篇总结报告，题目叫“美国学者对于中国文学的研究简况”，三页六面，可他花上一页二面“略讲一下有关我自己的事”，因为“那是不可避免的，也是当前动向的一个微末部分”。莫道无言，其声如雷。雷声而渊默，殆即渊默而雷声，仿佛禅机颠倒倒颠所谓“打叫不打，不打叫打”乎？说与不说，性无二致；故歌之咏之者，人愈见其默也。想当年钱子泉二十来岁作《无锡光复志》，凡六篇，“自叙篇第六”，自叙风徽，夸述祖德——钱子泉后作《王氏家乘序》，以“《史公自叙》不废扬己，《汉书·叙传》亦述当躬”为“史例”。父子相映成趣。施咸荣介绍了海外对《围城》的评价，

1 北平《清华周刊副刊》第三十六卷第二期（一九三一年十一月十四日）《吾校之光》:“第五级西洋文学系同学钱锺书君，经该系某教授之介绍，受英国伦敦大学聘为中国文学讲师。钱君尚在学校，应聘与否容待续志。”

标目“最伟大的中国现代小说”（北京《新文学论丛》一九八一年七月号），想是奉《围城》作者命作的[1]。当然，钱先生是最有节制和最讲究艺术的，绝不如他同辈文人那样赤裸裸地“带头参加”“自掘坟墓”的工作[2]，滥用“丰富得可惊可喜以至可怕”的“创造

---

1 北京《世界文学》一九八〇年十月号署名伊的《中国小说围城英译本在美出版》可作它的雏形，作者是郑启吟，钱先生干校时的“救命恩人”。万维网流传钱先生指教郑启吟作文书牍：“来信奉到，绝世妙文！Quite a little masterpiece of blandishment and blackmail, if bluffing and bullying，只好屈服。但想起一点。此书其他西文译本，可以概置不理，而人民文学出版社正重印原著，将于秋季出书，这一节是否须作为按语提到？由您决定罢。既然只是发布消息，不必将原文译述，不到半天，就可完事，烦仍交立德同志带下（因梅益同志说要来取），不敢再劳您御驾亲征。”再后，乔福山《我心目中的钱锺书杨绛夫妇》（北京《书摘》二〇一六年八月号）：“他从书柜中取出《围城》英、法、俄译本，并一一做了介绍。随后说起当年二月由西德莫尼克翻译、法兰克福一家书店出版的德文译本以及由荒井健、中岛长文、中岛碧合译岩波文库出版的日文译本，秋季将有达西安娜·菲萨克翻译的西班牙文译本出版。钱先生边说边随手把译者、译名都写在一张信笺上。钱锺书虽然淡泊名利，对自己的作品却也是十分钟爱的……我将刊登介绍《围城》各国译本的一则简短书讯的报纸寄给钱先生，想不到很快收到钱先生的谢函。”

2 “我常说：‘一捧便俗’，‘一吹便伪’；在这一点上，我们一对倔老夫妇和许多人（例如你所熟悉的李［健吾］先生）的人生观根本不同。”（见前引任明耀文）“自我吹捧已（转下页）

性记忆”。钱默存精辟地道出（《七缀集》第一页）：“就是抗拒或背弃这个风气的人也受到它的负面的支配，因为他不得不另出手眼来逃避或矫正他所厌恶的风气。正像列许登堡所说，模仿有正有负，反其道以行也是一种模仿。圣佩韦也说，尽管一个人要推开自己所处的时代，但仍要和它接触，而且接触得很着实。”如此看来，竟可以大胆说，钱默存的逃避风气，只是五十步之于百步，其走也同，悟了还同未悟人。

更有的在传播宣扬中有意或无意自相违伐。一九八五年五月三日钱先生写信给张隆溪（《怀念钱锺书先生》），谓美国现代语言学会聘自己为名誉会员，他本欲“告院方发电代辞，而院方以此乃纯学术组织，且与本院有业务交往，命弟接受。纱帽在首，身难自主”。好在钱先生请院方（梅益、赵复三）发电报的亲笔函还在（见潘小松《钱锺书先生轶闻》，载《记钱锺书先生》），足资对照，教人明白真情实况。“今天得美国Princeton大学Earl Miner电报，附呈阅。

（接上页）成我国新老作家的专业”（见前引李景端书）；“弟不愿效时贤之发踪指示，授意吹嘘”（见前引复许景渊书）。

Miner是前年美国［中美］比较文学讨论会美方团长，Modern Language Association是美国唯一的语言文学研究中心组织。四年前Princeton邀我去讲学，曾以荣誉文学博士头衔和薪金之外另赠四千美元价值书籍（因当时似有国外薪金不能归本人的规定）为饵，我辞却了。去年法大使馆通过本院外事局通知我说，法国政府要给我勋章，理由是'对中法文化交流的贡献'；我因自忖并无这方面的贡献，不敢冒牌，请外事局代我坚辞了。现在这件事也不是什么大'荣誉'，我并不'感冒'。但这牵涉到咱们和美国最有势力的文学、语言研究者组织的同行关系，我不敢任性径行。如你两位认为我应当应允，我就托外事局电复，等正式信来，再回信。请示以准绳，至感。附呈两种复电稿，请察定后，即勾销其一，交外事局办理，以省往返之烦，何如？费神至感！"钱先生意思是明朗的，"本欲"应允。钱先生"纱帽在首"，要经"组织"或"主管领导"批准的。据张隆溪说，这一名誉忒了得而很难得，是世界各国最有成就的人文学者才能享有的殊荣。"说故事人拍板随身，逢场作戏，以其矛攻其盾则大杀风景矣。"钱先生说得好极了（《管锥编》第五册第六七页）。

钱默存“向谓自传不可信，回忆录亦不可信，今切身经受，愈觉吾言不妄”（见前引傅璇琮文）。那钱先生的自叙当然也不可尽信。举钱著的小序来证明。

一九九四年四月槐聚序《石语》：“绛检得余旧稿，纸已破碎，病中为之粘衬，圆女又订成此小册子。”而按敏泽《论钱学的基本精神和历史贡献》：“八十年代中期，先生曾将他早年的一部手抄本交我学习、阅读。封面中间题‘碎金’二字作为书名，左下方题‘默存拜题’四字。手抄本分两部分，第一部分即现在出版的《石语》，稿本完好无损。”而且，“过去钱先生已先把《石语》原稿交给栾贵明抄写和点校，还给钱先生看过”（郑文林《钱锺书先生的最后一书》，北京《中华读书报》二〇〇八年八月六日）。那么，钱序是自欺欺人的小说家言喽？杨绛编辑亡夫手稿，郑重载记“《石语》由此取出”。

《管锥编序》：“命笔之时，数请益于周君振甫，小叩辄发大鸣，实归不负虚往，良朋嘉惠，并志简端。”按此序署“一九七二年八月”。实际上，钱先生一九七二年三月才得从河南明港干校回到北京干面胡同居所。周振甫自己说（钱宁《访周振甫先生》，北京《人民日报》一九八七年一月十二日）："钱先生那样讲，我实在惭愧。大概是一九七五年，一天他忽然要我去他家里吃晚饭。吃过饭，钱先生拿出一叠厚厚的稿子，说要借给我看，提点意见。这稿子就是《管锥编》。我读到一些弄不清的地方，就找出原书来看，有了疑问，就把意见记下来。钱先生看我提的疑问中有的还有一些道理，便一点也不肯放过，引进大著中。他把我的一点意见都是用自己富有文采的笔加以改写了[1]。出版时，我曾提请他把序中那几句话改掉，他不肯，就只好这样了。"《管锥编》中所采"周君振甫曰"其实大都得诸一九七七年十月以还周振甫作为《管锥编》的责任编辑所写的审读

1 周振甫《钱先生让我读管锥编手稿》（上海《新民晚报》一九八二年二月三日）："一天，他约我去吃晚饭。当时小菜不好买，我不便去打扰，推说不去。他托一位中华书局同事来找我，说我答应去吃晚饭，他在家等着。原来他知道我虽推说不去，心里是想去的。他看到我的心思，所以说我愿意去。这样，我就非去不可了……我对于手稿中论述外国学术和文艺部分，还看不懂，怎么能提意见呢？可是他非常谦虚，一定要我提。我只好就他论述古书方面，有些处找出原文来对读，随便提些意见。他认为只要有一点可取，就把它写入《管锥编》内，用他'高文一何绮'的笔调来写。"

意见（见北京《书品》一九九九年二月号，二〇〇〇年七月号、九月号）。看周振甫审读《管锥编》那不少迂俗而格格不入的文字，真体会不到钱先生如何费心对付的难受不堪——既不便明斥其诬，又不能概置不理，还要挖空心思成全为“大鸣”[1]。让我们想象钱先生做人为学的不容易或窘迫[2]。好在钱先生是绝顶聪明的哲人智者，对于束缚或限制，不与抵拄，而能与之游戏，骏马行蚁封而不蹉跌，足镣手铐而能舞蹈。蚌病成珠，钱先生的艺术愈见练达。

又《谈艺录》旧序“书既脱稿，偶供友好借观”，遭补订本大改为“友好知闻，颇多借阅”；而按郑朝宗《忆钱锺书》（永安《中央日报》一九四五年八月

1 对于周振甫的《谈艺录补订本审读意见》（载《中国诗学》第七辑），钱先生则全然没有当年的耐心和虚心，“弟若连篇累牍采入，既掠美，且终言之不畅也”，“弟不敢掠美，公亦可作一文畅言之”，此类辞谢语几占全部十三条中的一半。“你顺水推船，我过河拔桥”，非耶？

2 钱默存为首长改诗事早听说，可想不到竟那么难堪（李慎之《记胡乔木请钱锺书改诗种种》，北京《百年潮》一九九七年三月号）。胡乔木临终又命钱先生改赠内诗，“钱似乎不甚理解胡此时的心境，正如他修改《有所思》不甚理解胡彼时的心境”（程中原《胡乔木的诗人生涯》，北京《新文学史料》一九九七年八月号）。钱先生不过干了桩“文理通，平仄调”之事，干“心境”底事！

二十五日）："他正在撰写《谈艺录》，特把稿本带来给我们开眼。"刘季高《斗室诗集》有《默存以谈艺录稿见示书此奉赠》[1]。其然岂其然？

1 作《围城》时亦然。参看何灵琰《钱锺书·围城·才人》："钱先生已经着手小说《围城》的写作，所以，《围城》总是少不了的话题。每逢上课的时候，钱先生总要先把他又新写出来的章节拿给我看。"

一三　仁与智

叔父钱孙卿，钱默存具备他的许多能耐。要讲这位叔父，我们非得用国语文法家所谓“最上级形容词”不可。在基字辈里，钱基厚最聪明，最能干，口才最好，记忆力最强，精力最健旺，最热心政治，最擅长经济，是江苏最有名的政治家和工商业巨头。这种种只需看他自撰的《孙庵年谱》《孙庵私乘》就得。

钱默存本生母是王缜之女[1]，与钱子泉

1 旧说王蕴章是钱先生的亲舅舅，误。王蕴章和王夫人同祖。钱子泉《金玉缘谱》:“尔［锺霞］外曾祖柏庭先生，早聘于顾。生三子：长子莘锄先生，以名进士官户部郎，一出为福建乡试主考。次旭丹先生，以诸生官浙江同知，而与盛杏荪雅故，管领苏州电报局二十年；是即西神阿舅之父也。尔外祖劬唐先生其季，亦以制举文有声南北，（转下页）

同乡[1]，识字知书[2]。钱哑泉本不爱说话，和夫人在一起的日子本来就不很多，想“共同语言”无多，《金玉缘谱》只说：“余有四方之志，而不问家人生事谁何；门户支撑，独有老妻……妇人以顺为正，夫倡妇随。吾之所为，老妻未尝有异议！”《自我之检讨》还赞扬：“我老妻一生，手没有摸过牌，嘴没有

（接上页）称名师。”又《文心雕龙校读记·跋》：“张注则先外舅王公劭堂遗书。”《兰言居遗稿序》：“余妇于王也，女兄弟四人，而余妇次第三。”而亦偶作笼统之言：“余见之妇兄王西神处”（《华中高等师范学校历史博物馆赠品说明书》）。又按钱孙卿《潜庐家藏遗文卷头语》谓“吾兄以公元一九五七年十一月三十一日旅卒于汉皋”，而按钱默存一九五七年十一月二十六日与卢弼手帖：“家君于本月二十一日夜在鄂弃养。晚只能侍疾四日，遂尔永诀。”乃知“三”为“二”之讹——况十一月初无三十一日乎，相沿迄今。

1 “娶媳妇要同乡人才好，外县人脾气总有点不合式，你娶了不受用。”钱默存也是娶同乡人作媳妇。据优生学家说，地域太近者结合，结果欠佳；钱先生是大天才，天荒突破。

2 钱潜夫谕妻书（见《金玉缘谱》）：“王夫人览：阿霞已嫁，此婚帖也。女得所归，与卿同喜。愿婿多文为富如我，祝女有子能文如卿。一脉斯文，延卿与我。孕蓝田之玉，锺衡岳之灵；世世子孙，人文蔚起，为国耿光，不亦休乎！老泉。”钱子泉《与袁观澜先生商榷新制中小学国语科学程纲要书》：“博有女，年七岁，一日方坐小椅剥瓜子仁，而一九岁之儿［锺英］，手竹竿，飞舞前，扑其妹之颈，喝曰斩，而幼女之颈破血流，哭声嘶矣。母叱问故，辄作势唱曰：‘我关公也，于百万军中斩大将首如探囊耳！’母怒且笑。”

衔过纸烟。讲到娱乐，生在上海附近，从没有进过影戏院的门。其他不讲了。”大去前一年，钱子泉自号“四忍先生”，作《午梦王夫人剥松子肉以饲青裙白发意有感赋寄二律》，其一：“湘云迷我目，湘水绿乡衣。万里江南远，微嚬梦里依。松仁亲手剥，风味饫唇馡。白发看年脱，青春莫缓归。”挚厚入人。她儿子的“娱乐”也唯有读书。钱先生养母姓毛，去世时，中书君专门创作《先妣毛夫人行略》在报上发表。已公开的钱锺书文献中，只《起居注》论《随园诗话》处道及生母：“得信知余家中损失不大，而慈母以下均在乡间，衣履欠阙。情志颓丧，恻然作恶。叔父婶母却在城中，咄咄怪事！”不为咱们虚拟“母亲的影响”之类题目提供方便。他生身父母的关系显然不像他外父外母那么好，直是神仙眷属，“两人一生有长河一般的对话”（杨绛《回忆我的父亲》）；不过杨绛末期才“奇怪怎么没写《回忆我的母亲》呢”，而那现作的《回忆我的母亲》百字文只是老小孩的文章自娱戏耳[1]。重名忽实，贵男贱女，也是人的根性。

---

1 莫昭平《我是杨绛先生的小友》（见《杨绛：永远的女先生》）：“我问杨先生还在写什么，她说，就是‘杂忆与杂写的补遗’，‘还是要东想西想才好玩’。”

一四　不痴不聋不能公

婚一结一切了结，心理发展完全。婚后，钱锺书性格则踵其事而增华，非变其本而加厉。

杨季康谓夫婿“生性憨厚”（《钱锺书生命中的杨绛》），她自己则精明利害。老同事吴晓铃尝以“鬼子姜”代称之（见孟向荣《一位渐被遗忘的真学者》，北京《中华读书报》二〇一七年三月一日），老同事卞之琳背后管她叫“笑面虎”（见肖凤《回眸》，石家庄《长城》一九九七年七月号）。菊芋（Helianthus tuberosus），又名洋姜、鬼子姜。“鬼子姜”者，以谐音为双关之廋词也——由姜之音而引申姜之性。爱之赞为“兼有科学家头脑和艺术家气质，充满智慧，急中生智，灵机一动”（吴学昭《听杨绛谈往事》第十五章)，憎之讥为“极有心机”[1]，“尽量向外界发射狐媚之气”，“一向都是出了名的说谎话的能手”（肖凤《回眸》）。誉毁天渊，实为一事，皆“鬼子姜”之谓也——中书君不亦云乎：“她才是满肚子鬼主意呢”；“你真是千方百计，足智多谋，层出不穷”；“女人最善于捣鬼”；“女人真是鬼精灵儿”。

利害，杨季康自知，《回忆我的母亲》：“我脾气不好。女佣们都说：四小姐最难伺候。”叶廷芳《杨绛先生印象记》（上海《文汇报》一九九七年十二月二十二日）：“他们一个个被勒令低头，出乎人们意外，偏偏杨绛拒绝服从，满面怒容昂着头。人们斥问她为什么如此顽固，她怒不可遏地跺着脚大喊：‘就是不符合事实！就是不符合事实！’那形象真像一头愤

---

1 《杨绛：永远的女先生》中马文蔚《走近杨绛先生》记杨绛始以书稿付审，后易主出版：“她还是放心不下：‘你不会复印吧？’”周绚隆《不够知己的纪念》记扫描《复堂师友手札菁华》：“她一开始觉得对我们并不是很了解，为防发生意外，在把每一册交付扫描前，都要提前和保姆在每页做上记号，前一晚发现中间有许多页被人齐根剪掉。她笑着说：‘要不是我们这次清点时提前发现，将来一定会怀疑到你头上，那就是冤案了。”李国强《先生，对不起！我们聒噪您了》（《成都商报》二〇一六年五月二十六日）：“我感觉在性格上，相比钱锺书、钱瑗父女，杨绛为人显得处事更为周到细腻，观人于微。”

怒的猛狮[1]。”“流俗痴人”会想起“孙小姐的怒容使鸿渐不敢看她，脸爆炸似的发红，又像一星火落在一盆汽油面上”。钱默存则“惭愧自己是懦怯鬼(coward)”。

媳妇这么精明能干，“老大准怕老婆”，那还用说。《起居注》一九三七年一月一日:“剪发洗头，欲留颊须，为季斥妆模做样而罢。”杨绛为英国文化委员会译小册，原作者以典型的洋泾浜法语称“vie romancée”为“vies romantiques”，为钱先生纠绳，而杨绛坚不从，钱先生于*Studies in Literary Modes*笔记私底下抱怨悍妻的牛脾气[2]。

---

1 李文俊《余音绕梁谱新曲》(《北京青年报》二〇一四年七月十五日):“所里有几个造反派迫令杨先生拿了只破面盆，一边敲打一边自喊:‘我是反革命家属! 打倒钱锺书!’杨先生把‘锣’敲得天响，却一边大声地说:‘钱锺书不是反革命!’造反派喊道:‘喊“是反革命”!’她把锣敲得更响了，也更使劲地喊道:‘就不是反革命! 就不是的嘛!’”

2 “‘Vie romancée’传奇的传记which Hayward with the characteristic French of Strattord-atte-Bowe calls ‘vies romantiques’ and which my wife with the characteristic of a safely married woman refuses to criticise because I have pointed out the mistake.”参看蔡叔卿《喜见钱锺书夫妇》:“杨绛为我叫计程车而在电话里显得有点急躁，他还是那么宠爱地笑着看一切的发生，连眉头也没皱一下。”

《听杨绛谈往事》第十二章记杨绛嗔丈夫:“快别说了，呆大!”杨绛复李景端书(《如沐清风·钱锺书杨绛致李景端信件》):“他绝对绝对不会提出‘要请就连杨绛一道请’。我也绝对不容许他说这种话。”“他”，夫君也;“绝对”下加黑点。畴昔乍睹之，毛骨悚然，不意太阴当空乃尔。沈昌文《也无风雨也无晴》第四章:“在钱府同钱老晤谈几次，都很高兴。后来，三联书店要出版一套学术丛书，想请钱老署名编委。钱老也欣然同意，杨绛在旁，也没发表意见。不料，几天后又去钱府，杨绛对我说:‘外面传钱锺书要列名三联书店某某丛书编委，这是谣传[1]，没有这事。我想这是栾贵明搞的，你们别去听他。’我一听大惊。那不是我同你们两位老人家前

1 《杨绛生平与创作大事记》:“二〇一一年四月十三日，友人电告，罗银胜《杨绛传》新版已将网上胡编乱传的所谓‘杨绛谈张爱玲’全部收入。竟有如此作传者，可气!”而按杨绛二〇一〇年一月二十日致钟叔河书(王平《杨绛致钟叔河信两封》，长沙《湖南日报》二〇一六年五月二十七日):“我觉得你们都过高看待张爱玲了，我对她有偏见。我的外甥女和张同是圣玛利女校学生，我的外甥说张爱玲死要出风头，故意奇装异服，想吸引人，但她相貌很难看，一脸‘花生米’(青春豆也)，同学都看不起她。我说句平心话，她的文笔不错，但意境卑下。她笔下的女人，都是性饥渴者。”从来惯弄虚头，轻嘴薄舌；既作之后，方复隐讳以辟患。

几天当面议定之事？本想辩解，转而一想，其事必有缘故，还是作罢为好，于是唯唯而退。回社后将已排的顾问名单一概撤销，从此绝迹钱府。”殆所谓“家有贤妻，丈夫不闯祸”者耶[1]？同时，妇生儿而夫坐蓐（《管锥编》论《南楚新闻·獠妇》），也是“怕老婆”题中应有之义。昔览杨绛所作学术文字，偶遭佳处，辄不禁心语口曰：倘有同室之夫代操觚耶？今读《钱锺书手稿集》，见与杨文道合神遇者，则唯暗诵“导致光荣显赫的欺骗和罪恶”[2]尔。

杨绛爱“撒谎”，钱默存亦习而与化，传染夫人的脾气，如手批《吴组缃畅论钱锺书》否认早年

1 李景端《翻译编辑谈翻译·钱锺书谈译林的信》：“来信使我毛骨悚然，汗流浃背，只好和杨绛商量，详见她的信中，谚语所谓‘家有贤妻，丈夫不闯祸’。”参看刘再复《钱锺书先生纪事》：“我安慰钱先生说，您虽然给刘宾雁写了那对联，但这次运动不涉及党外，应当不会追查此事。他点点头，一句话也没说，只是呼唤了正在里屋工作的杨先生，让她出来一起商量一下‘要事’。杨先生一出来就说：写就写了。钱先生也接着说，对，写就写了，就这样吧。杨先生似乎早已胸有成竹，给钱先生镇定了一下。”

2 《七缀集》第一七九页：“马基雅弗利观察古今社会和政治生活，归纳出一个臭名昭著的事实：‘导致光荣显赫的欺骗和罪恶’（frodi onorevoli, scelleratezze gloriose）。”

早作读书笔记等等[1]，“a little lie”，可不像杨绛那样大胆地把“谎言”作成大文章登到大报上，如《吴宓先生与钱锺书》[2]。念脱空经意在圆变。杨绛入时走俗，“随世而轮转”（《管锥编》论董仲舒《士不遇赋》），“能随着时代的巨轮一同滚向前去”，只要看在插入“领导的著作”的书柜前创作的《我们仨》（《杨绛文集》第三册首），钱锺书则自信尚算得有骨力者。

---

1 “我作笔记是到英国后，大图书馆书不出借，才开始带笔记本上图书馆的”（舒展《钱锺书批注〈吴组缃畅论钱锺书〉》，北京《中华读书报》二〇〇二年四月二十四日）；“吴组缃语尤虚妄。弟与之素无往来”（汪荣祖《槐聚心史》第六章引）。

2 《杨绛生平与创作大事记》：“一九九八年五月，有人造谣，钱锺书骂叶公超、陈福田、吴宓，太伤感情，因而离西南联大。”汤晏《民国第一才子钱锺书》第四章引杨绛二〇〇〇年二月二十三日函：“我问过锺书有此狂语否，他那时已住医院，病还不重，明白告我，从未有此事。”